AF233059

MARTINE,
LE DESTIN OU LA VIE

DU MÊME AUTEUR

MARTINE : PORTRAIT INTIME, Grasset, 2002.
ELLE S'APPELAIT ROMY…, Albin Michel, 2002.
LES BONNES CHOSES DE LA VIE, Aubanel, 2004.
VOYAGE AU PAYS DES PSYS, Albin Michel, 2006.
PASSIONNÉMENT ! LES GRANDS AMANTS DU XXe SIÈCLE,
   Touran, 2009.

ISABELLE GIORDANO

MARTINE,
LE DESTIN OU LA VIE

BERNARD GRASSET
PARIS

Photo de couverture :
© MAXPPP/PHOTOPQR/LE BIEN PUBLIC/
Philippe Bruchot.

ISBN 978-2-246-78504-0

Tous droits de traduction, de reproduction et d'adaptation
réservés pour tous pays.

© Editions Grasset & Fasquelle, 2011.

Introduction

Un conseiller de Martine Aubry m'expliqua un jour qu'il existait, selon lui, deux sortes de politiques : ceux qui en ont fait leur drogue dure jusqu'à la névrose, et ceux, moins nombreux, qui jouent au chat et à la souris avec leur passion, sans vouloir se l'avouer, qui passent leur temps à dire qu'un jour ils arrêteront comme le font les fumeurs et les joueurs de poker.

Martine Aubry – que j'ai souvent entendue répéter « un jour je leur dirai "ciao" à tous » – est de ceux-là, et Dominique Strauss-Kahn pourrait en faire partie aussi. Un pied dedans, un pied dehors ; mais pour quelle raison ?

Qui n'a jamais rêvé de pénétrer dans la tête d'un homme ou d'une femme politique ? Qui n'a jamais souhaité connaître ses pensées intimes, ou l'origine de son engagement, découvrir l'envers du décor, les coulisses du pouvoir ? Il est toujours surprenant d'observer les attitudes d'un personnage habitué au contrôle, de voir comment il se comporte avec ses proches dans l'intimité.

Ce livre s'est nourri de cette tentation.

Dix ans après avoir écrit sur Martine Aubry à une époque où sa position était moins assurée, j'ai poursuivi mon enquête. J'ai souhaité rendre compte de la vitesse, de l'urgence inhérente à la vie des politiques, de l'inanité des enjeux parfois et des fulgurances, rares moments d'enthousiasme ou d'utilité.

Ni obsession, ni fascination de ma part. Ni hagiographie, ni pamphlet, j'ai voulu comprendre les contradictions d'une des personnalités les plus complexes de la politique actuelle.

Un labyrinthe à elle seule.

Je croyais rencontrer une femme implacable, j'ai côtoyé pendant des mois une femme sensible, taraudée par l'envie de profiter de la vie. De prendre le temps de s'amuser et d'aimer.

Je pensais saisir comment elle était devenue la rassembleuse de la gauche, j'ai remarqué que félonies et banderilles étaient ses compagnes de tous les jours. Pourquoi fait-on de la politique ? Pourquoi accepter d'être constamment souillé, humilié ? Pourquoi accepter de vivre dans un monde d'éreintement et de solitude, où les tâches sont prométhéennes, où l'amitié et l'amour sont des denrées rares ?

Qui est vraiment Martine Aubry ? Quelle présidente ferait-elle ? Quelle est l'influence de Jacques Delors sur celle qui, de son propre aveu, n'a jamais reçu un compliment de son père ? Quel rôle joue dans son engagement la mort de son frère tant aimé qui était aux yeux de tous promis à un brillant avenir ?

J'ai quitté il y a dix ans une femme blessée par les attaques mais prête à porter le fer. Je me disais qu'avec les années, le cuir aurait pu se tanner ou bien la lassitude gagner du terrain. Aujourd'hui, la dame des 35 heures a changé.

Mais elle continue d'agacer et d'intriguer. Rarement personnage politique aura suscité autant de commentaires et de critiques, réunissant autant de partisans que de détracteurs, qui tous dissertent avec la même passion sur son envie ou son manque d'appétence, sur ses aptitudes ou ses incompétences.

Enquêter sur Martine Aubry, c'est aussi faire un voyage au cœur de la violence politique. Celle que l'on reçoit, et celle que l'on donne. Un univers d'une brutalité absolue. Un théâtre shakespearien où les acteurs ne mégotent sur aucun coup bas.

Enfin, le cas Aubry résume à lui seul les paradoxes de la politique actuelle : la cruauté d'un monde qui fonctionne parfois en vase clos, la vanité des combats, la portion congrue réservée aux femmes, et le constat d'une presse aspirée dans la spirale du buzz. A travers Aubry se lit l'histoire d'un désamour pour la presse, devenue gourmande d'anecdotes et contrainte, faute de temps et de moyens, aux petites phrases.

A l'heure où les médias jouent de plus en plus la carte de la simplification extrême, où tout doit être blanc ou noir, pas facile de mettre Martine Aubry dans une case : à la fois autoritaire et indécise, leader sans être candidate, présidentiable mais jugée incompétente jusque dans son propre camp. L'histoire politique récente offre peu de personnages aussi clivants.

Est-elle le Poulidor de la politique ? Une fausse vraie gentille ? Un stratège sous ses allures de mordue d'art contemporain ? Son image dans les médias correspond-elle à ce qu'elle est en réalité ? Electron libre, celle qui se définit comme une « originale en politique » n'est pourtant jamais restée très à l'écart des chemins traditionnels.

Dans une société qui confond souvent l'être et l'avoir, Martine Aubry ne cesse de s'interroger sur sa propre utilité, sur ses envies profondes et ses aspirations, sur sa capacité à infléchir ou non son destin. Sans doute faut-il remonter aux origines de son engagement et à ses drames personnels pour cerner les multiples contours de sa personnalité.

J'ai souvent remarqué le trouble des comédiens quand on leur demande pourquoi ils sont acteurs. C'est cette même gêne que j'ai voulu ausculter chez les politiques. Percer le mystère d'une secrète aspiration. Plonger dans les sources du narcissisme. Pénétrer un temps l'intimité d'une femme dont nul ne connaît le destin.

Chapitre 1
Martine Aubry
aime-t-elle la politique ?

Martine Aubry a un rapport très compliqué à la politique. « Manque d'appétence », dit-on dans son entourage. Alors, « envie », ou « pas envie » ? Depuis l'automne 2010, la question est devenue omniprésente. Martine Aubry y répond à chaque fois de bonne grâce, mais elle a du mal à cacher son agacement.

Dans l'émission « A vous de juger » du 6 octobre 2010, Arlette Chabot devra insister et s'y reprendre à deux fois pour avoir une réponse claire. « On a le sentiment que vous n'en avez pas vraiment envie ? » demande-t-elle. « J'ai envie de faire gagner la gauche », répond Martine Aubry en souriant, un peu exaspérée.

Ira ? Ira pas ?

En sortant de l'émission, Martine semble soulagée. Le staff des fidèles l'entoure, Harlem Désir, Laurence Rossignol, Patrick Bloche sont là. On commente, on félicite, « tu as été ferme », « très bonne, très en forme ». Chacun donne son avis. La prestation était attendue. Un fâcheux crayon dans l'œil de Martine avait en effet eu raison du précédent rendez-vous.

Plus tard, Benoît Hamon mettra un bémol aux louanges, jugeant la patronne du parti trop floue sur les retraites, lui reprochant d'avoir laissé planer une ambiguïté sur la durée des cotisations. « Elle a plus voulu convaincre Nicolas Beytout qui était en face d'elle que les Français qui l'écoutaient. C'en était presque une bataille d'intellectuels, ce n'est pas le but dans cet exercice. » Martine n'a pas envie de s'attarder dans les coulisses de France 2. Elle s'éloigne pour passer un coup de fil, peut-être le traditionnel coup de téléphone à Jacques Delors qui a l'habitude de l'appeler après chaque passage télé important. La poignée d'accompagnateurs récupère manteaux et écharpes et tout le monde s'engouffre dans les voitures.

« Oui, j'ai envie de faire gagner mon camp. » On reste sur sa faim. Manque d'implication ? Manque d'enthousiasme ? Pas assez « habitée » par la cause présidentielle ? La question perdure. Pourtant, depuis sa sortie de l'ENA, le parcours de Martine Aubry est politiquement archiclassique et non dénué d'ambition. Plusieurs fois ministre, élue, bien placée pour Matignon et aujourd'hui présidentiable, tout cela ne ressemble pas à une carrière de dilettante. Et il suffit de jeter un coup d'œil sur son agenda, gonflé à bloc avec des journées pleines à craquer, pour constater que la politique, « elle l'a chevillée au corps » comme le résume Audrey Linkenheld, une de ses proches adjointes à la mairie de Lille. « C'est une femme de pouvoir, elle a ça dans le sang. »

Comme pour beaucoup de responsables politiques, les journées de Martine Aubry démarrent tôt et se terminent tard. Son attaché de presse ne s'étonne plus du coup de fil de 7 heures du matin alors qu'il est encore sous la douche. A Pierre de Saintignon, le premier adjoint et ami de longue date, est réservé l'appel de 23 heures. « C'est le moment où elle est en voiture et rentre chez elle. On parle politique mais aussi vie privée, copains. Si on ne se parlait pas ainsi pendant deux jours, je m'ennuierais », dit-il.

Dans les couloirs de la mairie de Lille, quelques-uns s'essoufflent à suivre ce rythme et regrettent en aparté l'époque Mauroy, « beaucoup plus cool ».

« Je n'imagine pas qu'elle ait fait tout ça pour ça », analyse Marisol Touraine, une strauss-kahnienne alliée à Aubry. Sous-entendu, elle ne va pas s'arrêter en si bon chemin. « Sa carrière politique n'est pas près de s'arrêter. » Députée d'Indre et Loire, souhaitant sur son blog une candidature DSK, cette spécialiste des dossiers sociaux met toute sa rigueur de normalienne agrégée pour expliquer la complexité du personnage Aubry.

Et il faut bien cela pour pénétrer les méandres d'une stratégie qui ne dit pas son nom. Boucles d'oreilles, tailleur chic, la démonstration démarre. S'il y avait un concours d'élégance au PS, Marisol Touraine arriverait première.

Attablée devant un café, son débit est lent, posé. « Martine a un fonctionnement bien à elle, une manière de faire qui lui est propre. Comme elle n'a pas vraiment envie, du coup, elle n'a rien à perdre. Et c'est là que cela devient intéressant. »

Sans réelle appétence, Martine serait finalement une bête politique, qui, l'air de rien, ne penserait qu'à ça. Elle poursuit : « C'est comme au congrès de Reims. Elle n'avait pas franchement envie de prendre la tête du parti, donc quand elle s'est lancée dans son discours, elle y est allée franco et finalement c'était plutôt mobilisateur. » Complexe, on vous dit.

Le diesel

Si Martine semble si indécise, cela s'explique, aux yeux de certains, par son « temps de chauffe nécessaire », pour reprendre une expression entendue dans les couloirs du parti ; elle fonctionne « à la maturation ». Traduction, elle a besoin de temps. « Entre Reims et La Rochelle, elle a mis quelques

mois avant d'entrer dans le personnage »,
précise Marisol Touraine. Un fabusien fait le
même constat : elle était patronne, elle est
devenue chef.

« En fait, avec la présidentielle, elle nous
refait le coup de Reims », explique Adeline
Hazan, une vieille copine de Martine. Elles
ont planché ensemble au ministère du Travail, aujourd'hui Adeline Hazan est maire de
Reims, autant dire qu'elle était aux premières
loges lors du Congrès. « C'est le même scé-
nario qui se reproduit, avec moins d'hystérie.
Il faut qu'elle se sente obligée d'y aller pour
s'engager totalement. A Reims, il a vraiment
fallu lui tordre le bras pour qu'elle y aille.
Dans les coulisses, on était tous assez angois-
sés, ce n'est que lors des toutes dernières
minutes qu'on a pu la convaincre. Il a fallu la
pousser, presque physiquement. Il faut qu'elle
se sente dos au mur, face à l'obstacle, pour
avoir envie d'aller à la bagarre. Maintenant,
c'est pareil. Si DSK n'y va pas, elle ira, par
devoir. Pour sauver son camp. » Mais d'envie
viscérale, que nenni.

« Martine, c'est un diesel ! » répète à l'envi
Arnaud Montebourg dès que l'on prononce

devant lui le nom de la première secrétaire. A l'Assemblée nationale, affalé dans son canapé, Montebourg fulmine. « Elle est nulle ! »

Un bureau type de député : pas très grand. Deux tables, un sofa, quelques chaises. La télé est allumée, c'est le jour des questions du mercredi. Sa fidèle assistante est concentrée sur son ordinateur.

Lui est détendu, en pleine forme. Il a annoncé il y a peu sa candidature aux primaires. Son livre de propositions vient de paraître. Lui qui avait déjà de l'assurance en a plus encore. Dans son esprit, cela ne fait aucun doute : aux primaires, ce sera lui contre DSK.

« Martine a de véritables qualités, c'est vrai, concède-t-il, c'est une grande humaniste, elle a une empathie extraordinaire, mais elle n'est pas assez habile politiquement. Trop lente, trop hésitante. »

« Martine présidente ? » Je ne cesse de promener ma question, dans différents lieux de pouvoir. Après le Palais-Bourbon, la mairie de Lille. Sujet tabou. Dans les couloirs de l'hôtel de ville, on n'aborde pas le sujet.

Une consigne a-t-elle été donnée ? « Non, c'est juste que ce n'est pas d'actualité. On n'en parle pas, c'est tout », répond mi-froide mi-amusée Audrey Linkenheld. Une coupe de cheveux à la Jean Seberg, une allure d'ado, l'adjointe au logement a un caractère en acier chromé. Un point commun sans doute avec madame le maire. Une passionnée d'économie tombée dans le bain de la politique. Elevée dans une HLM de Strasbourg par un père ouvrier et une mère employée, elle est selon ses dires « la première de la famille à avoir le bac ». Après l'Essec et Sciences-Po, elle s'installe au PS, conseille Benoît Hamon et François Lamy.

Martine repère ce petit bout de femme qui planche sept jours sur sept à « Solfé », comme disent les habitués. Audrey pourrait se targuer d'être l'une de celles qui connaît le mieux Martine Aubry, la côtoyant dans le travail depuis plus de dix ans. Mais la vantardise, ce n'est pas son truc. En revanche, décortiquer un problème, argumenter un projet face à Martine tout en étant d'une franchise implacable, elle sait faire. Quand on lui demande quelle est l'image à laquelle elle associe Martine, elle répond sans hésiter celle d'un animal politique d'une grande détermination.

Je tente la même question rue de Solférino : « Martine présidente : plausible ? L'en croyez-vous capable ou non ? » Les avis divergent. « Incompétente. » « Trop fragile, trop affective. » « Une des rares à plaire à la fois aux ouvriers et aux patrons. » « Elle fédère. Elle rassure. » « Pas notre meilleure carte. » Métaphore plus jardinière : « C'est la seule qui ratisse de gauche à droite. » On ne sait plus très bien qui a trouvé cette comparaison avec Angela Merkel, une bonne trouvaille de communicant en tout cas.

Benoît Hamon conclut : « Si DSK est notre candidat, pourquoi pas, mais on aura beau lui mettre un tampon sur la fesse estampillé "de gauche", j'ai bien peur qu'on ne passe toute la campagne à se justifier. »

Martine Aubry veut-elle être présidente de la République ? Non. Mais ministre de la Culture, ça m'irait très bien, a-t-elle déclaré en substance sur France Culture, sans peur des conséquences ni du ridicule, provoquant sourires et sarcasmes. Un accès de franchise ou un manque d'ambition ? La langue qui a fourché ? Non, elle est comme ça, Martine, la culture, c'est toute sa vie. « Je n'ai pas dit que je n'avais pas envie, prendra-t-elle la peine de préciser plus tard, j'ai dit que je ferai tout pour faire gagner la gauche. »

Pour elle, la culture est tout d'abord l'un des piliers de sa politique, expérimentée à Lille comme un « ciment social ».

Même les plus sceptiques reconnaissent que le succès de Lille 2004, Capitale européenne de la Culture, a fait des petits. Depuis, la vie culturelle lilloise est active et populaire. « La culture est un des meilleurs moyens de nous retrouver ensemble » dira-t-elle à l'inauguration d'une des expositions du Tri Postal, un des fleurons de la ville, une ancienne halle située près de la gare. On s'y bouscule à chaque vernissage et les visiteurs se comptent par milliers.

La culture, c'est toute sa vie, et même dans les moments les plus tendus de la campagne, Martine prend le temps d'aller voir Mondrian à Beaubourg ou Cranach au musée du Luxembourg. La peinture, comme les amis et les concerts, gardent toute leur importance. Ce qui a le don d'exaspérer une partie des troupes.

A tel point qu'au PS, on s'agace des

absences de Martine. Quelques-uns se demandent si elle ne donne pas la priorité à ses amis. « Un jour, en pleine réunion avec des syndicalistes, elle est sortie un long moment pour répondre au téléphone à l'une de ses amies, certes malade, mais tout de même. On la sentait plus intéressée par le sort de sa copine que par nos discussions. » Même son de cloche dans une association féministe, où on l'attend toujours. « On a été reçues deux heures par Nicolas Sarkozy, on espère voir un jour la première secrétaire. »

Mais qu'y a-t-il dans la fonction présidentielle qui déplaise tant à Martine Aubry ? Pour quelle raison refuser ce pourquoi certains seraient prêts à se damner ? « Je bosse comme une bête depuis vingt ans. Tout ça pour que, dans la rue, on continue de me demander si j'ai un programme. Franchement, parfois, ça ne donne pas envie de tout sacrifier. »

Ne pas tout sacrifier. Cette phrase est une des clés de sa personnalité. Le passé lui a appris dans la douleur le prix de la vie.

A force de vouloir donner à la vie personnelle autant de place qu'à la politique, cela laisse libre cours à toutes les interprétations. « Pas assez impliquée » ou « hédoniste ». « Hésitante » ou « bonne vivante ».

Janus aux deux visages

La vie tout autant que la politique. L'Elysée ne représente pas un Graal pour la première secrétaire. Elle qui aime tant ses moments privés, ses amis, ses voyages. Elle qui redoute de ne plus pouvoir aller faire ses courses au premier supermarché du coin.

Son petit plaisir, c'est de prendre dix minutes pour aller s'acheter des vêtements chez Monoprix. Martine craint aussi la surmédiatisation. Comme l'avait bien résumé sa fille Clémentine en répondant à une question improvisée. Martine présidente ? « Ouh là, on va encore la ramasser à la petite cuiller ! », aurait-elle dit avec une spontanéité révélatrice de la peur d'être broyée par le système médiatique.

Clémentine Aubry est tout, sauf la fille de Martine Aubry. Depuis toujours, elle lutte pour ne jamais apparaître comme une privilégiée. « Fille de », « petite-fille de », elle veut s'affranchir de tout héritage et de toute pression médiatique.

Sa ligne de conduite est de ne jamais parler aux journalistes. Une longue conversation au téléphone n'y changera rien. Après avoir toutefois hésité devant la perspective de bavarder devant un café, elle repousse toutes mes propositions de rencontre. Est-ce la peur de la presse ? De déraper, et de faire une confidence inappropriée ? La crainte de dévoiler une partie du tempérament de Martine ? « Nous partageons une complicité qui n'appartient qu'à nous », répond-elle. La voix est fluette, presque timide, mais les propos sont assurés. « Je partage tellement de choses avec ma mère, nous sommes très proches. Je voudrais garder ces choses rares pour nous deux. »

Une relation privilégiée qui se traduit par des dîners réguliers en tête à tête avec Martine à Paris. Clémentine aime aussi passer un week-end à Lille de temps en temps, où elle y amène des amis. C'est elle qui a organisé l'anniversaire surprise de Martine pour ses soixante ans. « Elle a assuré », dit un proche. Celle que Martine appelle « ma chérie » a la réputation d'aimer au moins autant que sa mère la peinture et les voyages, une fille simple et solide qui se fout des honneurs.

Sur les valeurs transmises par sa mère, elle devient plus prolixe. « Elle m'a appris à m'intéresser aux autres, à rendre service ; ce sont des valeurs essentielles dans notre famille. »

Avec patience, elle se livre à l'exercice du résumé en deux mots, pour tenter de définir sa mère. La réponse fuse, ni hésitation, ni réflexion. « Générosité et énergie », dit-elle. La discrète Clémentine refuse de prendre parti sur les engagements futurs de sa mère, et encore moins sur la bataille présidentielle à venir.

Garder toute la saveur de sa vie personnelle, échapper à la violence politique, là encore, Martine Aubry n'en est pas à une contradiction près. Elle dit avoir en horreur les trahisons, la bassesse des petites phrases, les déviances du combat politique traditionnel. Mais elle-même pratique allègrement le jeu des piques et du débinage.

Qui ne l'a pas vue, en plein bureau national, se pencher vers un proche pour glisser une remarque et s'esclaffer en douce ? Qui n'a pas été froissé par ses éclats de voix, son mépris ? Les anecdotes pullulent sur ses sautes d'humeur et sa brutalité.

Martine Aubry aime-t-elle la politique ? Un certain genre de politique, le concret, le « terrain », les valeurs, la politique au sens noble, répondent ses partisans. Elle aime la politique quand ça l'arrange, rétorquent ses détracteurs, la politique sans ses tracas, sans ses torpilles politiciennes. Du coup, on ne sait plus très bien si sa vision du métier est naïve, ou ambitieuse.

Femme complexe, Janus aux deux visages, qui règne en tacticienne sur la métropole lilloise, à la fois autoritaire et habile, mais incapable de garder toute maîtrise sur la vie du PS.

Rue de Solférino, au rez-de-chaussée, se trouve le bureau de Benoît Hamon.

Ecran plat, ordinateur, la panoplie de l'homme politique moderne.

Au mur, un portrait de François Mitterrand, un autre de Scarlett Johansson, un clin d'œil des copains à son actrice fétiche. Sur les étagères, un exemplaire encadré de *La Voix du peuple*, un dictionnaire de *L'Histoire passionnée du rugby*.

Alors, facile ou non de travailler avec Martine ? « Je ne suis pas dans une relation de subordonné, prend-il la peine de préciser. Nous avons parfois des désaccords, qui se sont même exprimés publiquement. Les discussions sont franches et corsées, sur la question des retraites ou des licenciements par exemple, mais à chaque fois ça se termine bien. Elle a bousculé l'appareil du parti. »

La femme Martine Aubry a toujours eu la réputation d'être autoritaire, parfois revêche. On peut se demander si le cuir s'est tanné avec les années, si elle a changé depuis dix ans. Il a l'air de trouver ma question totalement absurde.

« Non, rien n'a changé, rien de fondamental du moins ; le caractère, les convictions, n'ont pas bougé. » Il marque une pause, répond au téléphone. « De toute façon, reprend-il, elle a toujours eu un rapport compliqué au parti. A cela s'ajoutent des attaques un poil misogynes, on en fait des tonnes en se demandant si elle tiendra le coup physiquement, alors qu'elle s'est juste mis un crayon dans l'œil ! On ne pose jamais ces questions aux hommes. » Voilà pour répondre aux critiques sur l'indécision.

Pour mieux comprendre ce qui ressemble à un manque d'implication, on peut aussi imaginer l'existence de deux Martine : l'une à Lille et l'autre à Solférino. C'est un constat qui revient souvent dans son entourage. Deux villes, deux conceptions de la politique, deux personnalités.

D'un côté, les décisions, le concret, les « gens », de l'autre, les magouilles, les petites affaires du parti, la bataille des ego. Un peu simpliste comme schéma mais opposer la « vraie » politique à la politique politicienne est l'argument massue des troupes d'Aubry pour expliquer ce manque d'appétence.

Après avoir été championne des sondages il y a dix ans, donnée gagnante encore aujourd'hui contre Sarkozy dans certains d'entre eux, va-t-elle battre les records de la femme la plus critiquée dans son propre camp ?

« Le véritable ennemi du moment, ce n'est ni Sarko ni DSK, c'est Hollande, me confie-t-on. Dans tout Paris, dès qu'il le peut, il cherche à nuire à Martine. »

L'ancien patron du PS n'est jamais avare d'un tacle ou d'une petite phrase assassine.

Evoquer « la hotte du Père Noël » par exemple pour décrire les projets de la Convention égalité réelle, une expression reprise ensuite par la droite. Avec Ségolène, c'est la paix des braves. Pour Arnaud Montebourg, « Martine est une catastrophe, elle sera éjectée dès les primaires ».

Même dans son fief, au 10 rue de Solférino, Martine déçoit. « Depuis qu'elle est première secrétaire du parti, Martine Aubry n'a même pas fait le tour des bureaux au PS. Ce que n'importe quel patron de PME effectuerait comme le b.a.-ba du management, elle n'a même pas été capable de le faire. » Dans les étages, parfois à quelques mètres de son bureau, les critiques fusent.

Déjà échaudés par la politique interne menée par François Hollande (« moins on en fait, mieux on se porte » résument les anciens), les petites mains en charge de la vie quotidienne du parti affichent certains jours leur déception. « Elle n'est jamais là. Et quand elle déboule, elle franchit la porte d'entrée et reste enfermée dans son bureau. »

Transparence des discussions, échanges, critiques autorisées ? Pas trop le style depuis que Martine Aubry est à la tête du PS. On lui reproche ses absences, son manque d'investissement. Le deal était pourtant clair dès le départ : deux jours à Paris, le reste à Lille. Mais quand Martine a préféré une réunion lilloise à une importante émission politique, la coupe a été pleine. Ras-le-bol de ce PS transformé en bunker. « Pourquoi la direction semble-t-elle repliée sur elle-même ? » Au parti, la question reste sans réponse.

Le PS, c'est une vraie petite entreprise, avec ses 120 salariés, un budget confortable d'environ 45 millions d'euros. Et comme dans toutes les entreprises, il existe des zizanies internes, des désaccords.

Aux premières loges, les salariés du PS devraient être les premiers convaincus du potentiel du parti et de leur patronne, et pourtant, les couloirs bruissent de récriminations. « On ne peut rien leur dire, il n'y a aucune circulation, il y a vraiment la direction d'un côté et nous de l'autre. On ose à peine aller faire une suggestion, une remarque, une critique encore moins, aux conseillers les plus proches de Martine. Si on le fait, on a le sentiment de déranger. » Un comble de ne pas avoir su convaincre ses propres troupes.

A Martine manque le sens des priorités, voilà un autre reproche qui lui est fait. « On se demande vraiment pourquoi la direction peut mettre plusieurs jours à choisir des nuances de rouge pour une affiche, ou à scruter la manière dont est rédigé l'organigramme interne, plutôt que de se concentrer sur des thèmes de campagne. » A Solférino, Martine peut passer des heures sur Internet à choisir un hôtel à Athènes pour une prochaine réunion, ou surfer pendant une bonne partie de la journée sur TripAdvisor pour comparer les hôtels de Dakar.

Martine à Lille, Martine à Paris, deux personnalités totalement différentes. Autant Martine sait être chaleureuse et empathique dans « sa » ville, autant, dès qu'elle entre en contact avec l'univers feutré et complexe de la politique parisienne, elle se braque. Comme si Martine n'aimait pas tellement Solférino.

Indécisions, manque de priorités, difficulté à gérer les fortes têtes du parti, incapacité à manager… la liste des reproches est longue. « Au boulot la gauche ! » titre *Libération*.

Des reproches, sur le fond et sur la forme. On l'a dite trop absente des médias : rien ne sert de faire du commentaire à tout-va, répond-elle. Et la rareté peut aussi être un atout. Un parti qui ne parle pas d'une seule voix, des personnalités qui s'expriment tous azimuts à la sortie du moindre bureau national ? Preuve que nous sommes un parti démocratique. Des leaders avides de caméras, au moins du temps de Jospin le parti était tenu ! Libre à eux de s'exposer à tout bout de champ. Martine a réponse à tout.

Tentative de suicide à la mairie

La politique à laquelle Martine répugne, c'est la petite cuisine du PS. La politique que Martine aime, c'est la possibilité de régler les problèmes des citoyens.

Jeudi 21 février 2008. Il est environ 16 heures lorsqu'une jeune fille entre en trombe dans la mairie de Lille. Elle vient demander une aide sociale pour sa famille.

Elle a 18 ans, appelons-la Sarah. On la dirige vers le premier étage. Le temps que l'huissier se déplace pour prévenir la personne qui pourrait la recevoir, Sarah se précipite vers une immense fenêtre. En l'espace de quelques secondes, elle enjambe le rebord et hurle : « Si Martine Aubry ne vient pas tout de suite, je saute ! »

Affolement dans les couloirs de la mairie. Branle-bas de combat dans les bureaux, les hommes de la sécurité et du protocole se précipitent vers la jeune suicidaire. « N'approchez pas, crie-t-elle, c'est Martine Aubry que je veux voir ! » Pas de chance, Martine est en réunion. Son adjointe, Violette Spillebout, saisit son téléphone. « C'est urgent ! Dépêchez-vous ! »

Elle s'en souvient encore avec émotion. « Quelle frayeur ! C'était comme dans un film. J'ai vraiment eu très peur, car elle semblait très agitée, prête à tout. Et elle était tout au bord du balcon... » Un balcon qui n'est qu'au premier étage, mais tout de même, à plusieurs mètres de hauteur, ce qui peut causer des dégâts. Martine arrive enfin, elle parle à la jeune fille avec une douceur et une fermeté qui réussissent à la convaincre de descendre du balcon. « On a tous poussé un soupir de soulagement ! »

Enfin, la jeune fille paraît plus calme, et s'éloigne de la fenêtre. Sarah s'installe dans le bureau de Martine, se recroqueville sur le canapé et raconte son histoire, l'origine de son coup de sang. De ce tête-à-tête entre Martine et Sarah va naître une relation qui durera plusieurs mois. Sarah vient d'un milieu précaire, l'argent manque à la maison, elle fait une demande d'aide de cinquante euros de dépannage aux services sociaux de son quartier, mais on la lui refuse. Furieuse, partagée entre la colère et le désarroi, elle ne trouve alors que la solution du coup d'éclat à la mairie pour résoudre son problème.

Timide à l'extrême, Sarah est presque mutique. A son âge, elle a déjà connu les pires souffrances, a été élevée sans le sou, violée par son père, puis par son frère handicapé mental. Plusieurs mois après cette tentative de suicide à la mairie, elle sera prise en charge par Martine et par la fidèle Violette. « Dans l'urgence, raconte Violette, j'ai proposé de la loger chez moi, et finalement ça a duré près d'un an. Pas simple à gérer tous les jours, surtout avec mes enfants qui ne comprenaient pas très bien cette cohabitation. Ils trouvaient injuste par exemple qu'elle ait le droit, elle, de manger dans sa chambre. »

Pour Noël, Martine emmène la jeune fille faire des courses, s'acheter des vêtements. « C'était plutôt comique. » Martine choisissant jeans et sweat-shirts chez *H&M* sous l'œil médusé des vendeuses. Certains clients sont intrigués, « mais non ce n'est pas elle », d'autres prennent des photos.

Prendre sous son aile, aider, accompagner, mettre les mains dans le cambouis : cette façon de pratiquer la politique, Martine l'a chevillée au corps. Humaine, trop humaine, est-ce conciliable avec une fonction présidentielle ?

Avec les médias,
le couple infernal : pourquoi
Martine Aubry n'aime pas la presse.

Une paire de lunettes fines, un physique de technocrate, avec son débit saccadé et son goût des formules enlevées, on pourrait croire que

Guillaume Bachelay est un pur produit de l'énarchie. Pourtant il n'a qu'hypokhâgne comme formation et ses origines sont modestes.

Un père ouvrier en chaudronnerie, qui à force de labeur est devenu patron d'une PME de fabrication de plastique, une mère salariée aux impôts, il se sent proche de la tradition « à gauche de la gauche ».

Né et élevé en Normandie, il est surtout connu pour être l'un des lieutenants dévoués de Laurent Fabius. Une fidélité chevaleresque, presque désuète, et qui pourrait faire sourire quand il vous dit avec sérieux : « Je n'ai qu'un seul patron, c'est Fabius. C'est l'homme de ma vie. »

Eh oui, la politique est l'un des domaines où il reste des serments et des attachements inébranlables. Fabiusien donc, travaillant au parti socialiste sur l'élaboration du projet pour 2012, il est homme de dossiers tout autant que d'écrit, corrigeant là un discours, ajoutant sa touche personnelle, souvent teintée d'humour, à une déclaration que Martine doit faire à la presse. « J'ai trouvé mon Gaino de gauche », dit-elle de lui.

La politique crève
du manque de contenu

A force de côtoyer Martine, il perçoit ses atouts – une bonne connaissance des dossiers – mais aussi ses faiblesses.

« Son principal handicap, c'est elle. » Diagnostic : « Elle a une absence d'estime historique de soi. » S'agit-il d'une nouvelle maladie ? « Cela veut dire qu'elle n'est pas certaine d'être celle qui porte. Pour avoir cette estime historique de soi, il faut être plus grand que soi-même. » Mais concrètement, on ne comprend toujours pas sur quoi se gagnera l'élection.

« Chaque élection a sa singularité, poursuit-il, la singularité idéologique de 2012, c'est le télescopage de deux expériences : celle du déclassement individuel des classes populaires et moyennes et celle du décrochage de la France dans la mondialisation. »

Dommage, conclut-il, de ne pas pouvoir en débattre plus souvent, car désormais le débat se limite au buzz. Son constat est lucide et amer : « La politique aujourd'hui crève du manque de contenu. »

Bachelay reconnaît le caractère vieillot du fonctionnement du PS, avec ses multiples motions et conventions d'un autre âge. « Mais c'est aussi un avantage, car dans ce parti, on aime écrire, peut-être trop, mais ça a du bon. Au moins ça force à réfléchir et à travailler. »

Bachelay s'échauffe sur un voyage organisé en janvier 2011 avec la presse en Normandie. Il s'énerve contre ces journalistes avec lesquels il a passé près d'une heure dans un bus à visiter des entreprises.

L'une d'elle est devenue un fleuron de la lutte contre la malnutrition en Afrique avec un substitut alimentaire, le Plumpy Nut, un produit aujourd'hui convoité par les Américains. « Dix journalistes, et pas un seul n'a posé de question, ni sur l'industrialisation, ni sur les délocalisations, encore moins sur l'actualité internationale. Alors qu'on est en pleine préparation du G8 et du G20, alors que la Tunisie vit une grande révolution, nous n'avons eu droit qu'à une avalanche de questions sur le calendrier du PS et les primaires ! A croire que les journalistes vivent dans un autre univers. Peut-être ignorent-ils l'existence de la mondialisation ! »

Il n'en démord pas et fait le constat d'une presse devenue « de plus en plus médiocre ». Haro sur les médias ! N'est-ce pas simpliste, cependant, de les considérer comme seuls responsables du manque de contenu du débat public ? Il le reconnaît. « Il n'y a pas que la presse, il y a aussi des politiques que ça arrange. Les petites phrases, c'est moins fatigant que de bosser sur des dossiers ou de tenter de comprendre comment on pourra sortir du chômage. »

Créer le buzz

Niveau des débats médiocre, manque de contenu : Guillaume Bachelay n'est pas le seul à faire ce constat. Un député socialiste raconte : « Avant, on envoyait pour m'interviewer le journaliste chargé de l'éducation ou de l'économie, suivant le sujet de l'entretien ou en fonction de l'actualité. On pouvait parler fiscalité ou réforme de l'éducation, j'avais un véritable interlocuteur face à moi. Maintenant, je vois arriver de tout jeunes journalistes, qui ne font que suivre la vie du parti, ce qui réduit considérablement les sujets de discussion. On voit toujours le même journaliste, plus jamais les spécialistes d'un domaine. Le niveau des questions a franchement baissé. »

Avis aux patrons de presse : comme à l'école, le niveau baisse ! Le problème est que ces journalistes spécialisés ont parfois tout bonnement disparu des salles de rédaction, faute de moyens. Ou bien, quand ils existent encore, ils croulent sous le travail.

En dix ans, crise oblige, les rédactions se sont atrophiées et appauvries. Moins de moyens pour l'AFP, moins de pub pour la presse écrite. La paupérisation du métier s'est propagée. En une génération, les commentateurs politiques ont bien changé. Dans le même temps, le rythme de l'info s'est accéléré, suivant celui d'Internet ou des réseaux sociaux. Aujourd'hui la politique ne se pense pas, elle se twitte.

L'accélération de la société moderne vaut aussi pour le monde politique. Il faut créer le buzz. Un soir, raconte un attaché de presse

du PS, un journaliste appelle à 22 heures :
« T'as une info à me donner pour mon buzz
de demain ? » Il est resté muet devant la
formule, scotché par la brutalité de la
demande.

Le politique est sommé de livrer du « off »,
obligé de débiter régulièrement et rapidement
son lot d'infos. Les coups de fil du soir aux
conseillers ou directement sur le téléphone
portable des politiques ne sont pas rares, ils
nourrissent l'info du lendemain matin. Certains en profitent pour lancer une rumeur,
lâcher une vacherie.

Le risque est de se retrouver hors circuit.
« J'étais sidérée, raconte Cécile Amar du
JDD, par le peu de journalistes qui ont suivi
Ségolène Royal lors de son dernier déplacement aux Antilles. Nous n'étions que trois.
Alors que quelques mois auparavant, elle
déplaçait des foules de caméras. C'en était
pathétique. » Résultat, personne ou presque
ne rend compte de ce voyage. Liés par une
relation qui frôle parfois la dépendance, les
politiques vivent de plus en plus au même
rythme que l'information.

« *Je ne lis plus la presse* »

Guillaume Bachelay évoque à nouveau cette région qu'il connaît bien, ces terres normandes où il a grandi, entre pommiers et arrière-cours d'usines. Images de pollutions et de fumées toxiques qui viennent automatiquement à l'esprit. « Il doit en avoir plein les poumons, votre père ? » Mon interlocuteur pâlit. Je m'aperçois alors de la maladresse de ma question. « Il est mort depuis quelques années déjà. Il avait cinquante-neuf ans. »

Quand je retourne à Solférino, je repense à cette phrase en suspens, à ce regard triste. Derrière les murs de cet hôtel particulier bourgeois, cohabitent les ambitieux, les beaux parleurs, mais aussi les fils de ces ouvriers morts trop jeunes, dont les enfants se battent contre des moulins à vent pour changer le cours des choses.

On finit presque par oublier pourquoi certains font de la politique. Pourquoi choisit-on de s'engager à vingt ans ? Pour quelle raison laisse-t-on parfois tomber des amitiés d'enfance ou des études supérieures, au profit d'innombrables heures passées en réunions ou en meetings ? Dans son livre *Leur jeunesse et la nôtre,* Jean Birnbaum décortique le militantisme, ausculte les convictions révolutionnaires au fil des générations, montrant à quel point l'engagement antifasciste du début du XXᵉ siècle se situe à des années-lumière de celui des altermondialistes actuels. Existent-ils encore, ces hommes politiques qu'on surnommait à une époque les « chercheurs d'horizons » ? Ou ont-ils tout simplement changé ?

Je ne cesse d'interroger Martine Aubry sur l'origine de son engagement, elle qui avoue avoir l'impression parfois de gâcher sa vie personnelle.

Sa réponse me laisse un peu sur ma faim. « Je fais de la politique parce que je suis persuadée que l'on peut changer la vie des gens », affirme-t-elle. En allant jusqu'à changer leur vie contre leur gré ? Mais non, « la politique reste le meilleur moyen de lutter contre les injustices ». Elle insiste : « J'ai une détestation physique de l'injustice. »

Elle qui fut un temps directrice générale de Péchiney aurait pu devenir juge, magistrate, ou même une patronne « sociale » à l'image de son ami Franck Riboud. Je lui suggère l'idée que les chefs d'entreprise sont parfois moins impuissants que les politiques lorsqu'il s'agit d'améliorer le quotidien des salariés. « Ah, non, chef d'entreprise, jamais ! répond-elle. J'ai beaucoup plus de latitude à Lille où je peux influer sur la vie de milliers de personnes. »

Entre atavisme familial et convictions personnelles, donc. Elle ne peut s'empêcher d'ajouter qu'elle « n'aime pas la politique telle qu'elle se pratique aujourd'hui ». Comme si l'époque avait ratatiné la passion pour la justice. Comme si les temps actuels avaient rabaissé les aspirations et la transcendance inhérente à tout engagement digne de ce nom.

Avec la politique comme avec les médias, c'est le jeu du « je t'aime moi non plus ». On pense à Pialat et son bras d'honneur à Cannes : « Si vous ne m'aimez pas, je ne vous aime pas non plus ! »

Prononcez le mot « journaliste » devant Martine Aubry et vous êtes à peu près sûr d'obtenir une moue de dégoût. Elle a décidé d'accorder désormais ses interviews au compte-gouttes. Elle répond parfois aux questions des journalistes sur un ton sec. La lecture des journaux a disparu de son quotidien.

« Je ne lis plus la presse », dit-elle avec satisfaction. Un changement de cap pour celle qui pouvait il y a encore dix ans être froissée par un édito critique. Moins anxieuse, moins fragile, elle semble apaisée. « Zen », dit-elle.

Lorsque Sophie Landrin écrit dans *Le Monde* : « A un an des échéances, le parti socialiste n'a pas de leader, pas d'alliés, pas de programme », elle répond : « Je m'en fous », en s'affalant dans le canapé blanc de son bureau lillois. « Depuis que je ne lis plus la presse, je me porte beaucoup mieux. Ça ne me manque pas le moins du monde. »

Si Martine Aubry rudoie la presse, les médias le lui rendent bien. « Suivre Martine Aubry, c'est une plaie », dit un journaliste politique. On assure les voyages de presse en traînant les pieds. Une punition, quand d'autres apprécient son humour, ses propos « off », son style décontracté. On guette ses imitations, ses piques lancées aux uns et aux autres.

Dans son bureau, elle imite la voix haut perchée de Ségolène Royal pour raconter une blague que vient de lui faire Benoît Hamon au téléphone. Il se fait passer pour Ségolène et demande à Martine « de bien profiter de son voyage à Dakar, d'aller bien loin en Afrique, à la frontière du Niger et du Mali… ». Elle s'amuse de savoir que certains de ses « amis » au PS aimeraient bien la voir prise en otage.

« Ah ! ils sont chiants ! »

Mars 2011, un déplacement à Montbard pour soutenir les candidats aux élections cantonales. Martine Aubry est accueillie avec son équipe par le maire de Dijon François Rebsamen. Visite d'une ferme, rencontre avec les élus, le Premier fédéral et la toute jeune maire de Montbard. Un déjeuner arrosé de Gevrey-Chambertin avant un débat prévu sur les services publics en milieu rural.

Dans la voiture, en arrivant à la Maison des jeunes et de la culture où doit se tenir le débat, Martine lâche un « ah ! ils sont chiants ! » en découvrant l'alignement des caméras face à elle.

Martine est attendue. La bataille des cantonales en Côte-d'Or est stratégique. A sa descente de voiture, les micros et les caméras se précipitent, les militants s'agglutinent, ils veulent la voir, de près, lui poser des questions. Ils n'auront le temps que pour une photo de famille. Et il n'y aura pas une seconde pour les questions et les mains qui se lèvent après le débat, retour oblige.

Dans le train vers Paris, un journaliste s'acharne à envoyer son sujet malgré une 3G défectueuse, il faut être le premier à avoir une phrase d'Aubry, non pas sur les services publics – le sujet du jour –, ni même sur les cantonales.

« Il nous faut une réaction aux propos de Copé », le rédacteur en chef vient d'appeler, le temps presse pour le journal du soir. Un débat sur l'islam qui depuis deux jours ne dit plus son nom. Le débat sur la laïcité fera-t-il sortir Martine de ses gonds ?

Peu importe le récit bouleversant d'un enseignant de Dijon racontant son désarroi face aux fermetures de classe. Peu importe le chiffre effarant donné par le maire d'une petite commune, « quinze accouchements cette année dans une ambulance », suite à la fermeture de l'hôpital voisin.

Peu importe les témoignages successifs d'un infirmier sur les horaires, impossibles à tenir, d'une responsable de mission locale sur l'emploi.

Peu importe aussi la viabilité des propositions de la gauche face à l'ampleur des déficits publics et les désaccords qu'elles peuvent susciter. Sur le quai de la gare, Aubry dit les deux phrases que toutes les rédactions garderont. Seule compte ce jour-là la réactivité de la gauche face à la droite.

Une réaction qui sera de toute façon bientôt balayée par un autre sujet d'actualité. Du coup, les micros se tendent pour obtenir un lambeau d'info sur son éventuelle candidature. « Vous exagérez, plaisante Martine, c'est devenu un running gag ! » Aujourd'hui Martine est de bonne humeur et ne les a pas envoyés balader. On dirait qu'elle les chaperonne même. « Mais vous savez bien que je ne vous dirai rien... »

Tous veulent savoir ce qu'elle a dans la tête, ses projets, ses renoncements éventuels. Même dans le train, lors des discussions « off », elle ne lâche rien mais garde le sourire pour raconter l'anecdote d'un reporter qui avait envoyé astucieusement deux enfants à sa rencontre au Salon de l'agriculture, les deux gamins étant chargés de lui demander ingénument si elle serait candidate. « Je n'ai pas tout de suite flairé l'entourloupe », dit-elle. Même pour les enfants, aussi mignons soient-ils, la règle reste immuable, « pas de déclarations, pas de commentaires sur les commentaires ».

★

Dakar et le Forum social, janvier 2011. Six jours de voyage, des dizaines de rendez-vous prévus, une vingtaine de journalistes qui suivent. Une image domine, et restera. L'image d'une main excédée repoussant les journalistes accompagnée d'un « Vous me faites honte ! ».

Quelques jours plus tard, Martine Aubry ne regrette pas son geste, ni son retentissement médiatique. « J'étais avec des délégués sénégalais, cette question sur la petite phrase d'Anne Sinclair m'a semblé totalement déplacée dans ce contexte ! »

Un journaliste de RTL a posé la question de trop, celle qui va agacer. Toujours la même interrogation, sur la candidature devenue de plus en plus probable de Dominique Strauss-Kahn. « Je n'ai pas supporté, dit Martine Aubry, que l'on puisse mettre sur le même plan le débat sur les primaires et les enjeux du Forum social ! »

Sa complicité avec certains journalistes, ses blagues (« Vous êtes givrés ! Allongez-vous, vous devriez faire une thérapie... »), n'y feront rien. Reste pour l'opinion l'image d'une femme hautaine qui rabroue la presse.

Après ce voyage, elle fera tout de même savoir à « son ami Dominique », en passant par Laurent Fabius, que le timing n'était peut-être pas approprié et que les déclarations d'Anne Sinclair auraient pu attendre un peu.

★

Voyage à Athènes, mars 2011. Une réunion du parti socialiste européen pour contrer le « pacte de compétitivité de Sarkozy-Merkel ». Au premier rang dans l'avion, Martine repousse son repas terminé. « La presse ne fait pas toujours son boulot jusqu'au bout. Lorsque François Hollande a comparé nos propositions lors de la Convention égalité réelle à la "hotte du Père Noël", il a ensuite voté sans sourciller cette même convention. La presse pourrait vérifier ce genre de choses. » Elle ne semble pas perturbée par le nombre de critiques à son égard, par la dureté de son image médiatique, ni par les reproches au sein du parti. « Je m'en fous, je pense surtout que j'ai remis tout le monde au boulot et que certains n'arrivent toujours pas à s'en accommoder. Je ne vais quand même pas passer mes journées à dire aux gens autour de moi qu'ils sont géniaux. »

Ses rapports avec la presse ont basculé l'année de la publication du livre de Philippe Alexandre et Béatrix de L'Aulnoit, *La Dame des 35 heures*. Un pamphlet qui détaillait par le menu l'ardeur de Martine Aubry à faire appliquer sa loi phare. Détails croustillants sur la vie de cabinet et rumeurs rapportées. Elle le considère comme un coup de poignard dans le dos. Un exemple ciselé de trahison et de violence politique.

Elle s'est sentie profondément blessée, au point de tenir ensuite les médias à distance. « La plupart des saloperies racontées dans ce livre sont des infos que des proches de Pierre Mauroy ont données aux deux auteurs », dit-elle. Cela donne un aperçu des sympathiques guérillas internes en politique. « Pourtant, j'en ai entendu des conneries sur mon compte, mais là, c'était le pompon. »

En effet, le livre contenait des informations que seul son propre camp pouvait délivrer. Elle y a reconnu la patte de son vieil ennemi lillois Bernard Roman, ainsi que celle d'un autre proche du cabinet de Mauroy.

Tout cela renvoie à une période de sa vie qui n'était pas simple : le parachutage à Lille, la nécessité de s'installer, de se faire accepter et de lutter contre ceux, fous de jalousie, qui se voyaient déjà à la tête de la mairie.

Le pamphlet n'a pas non plus été apprécié dans la famille. « Ma mère a mis plusieurs mois à s'en remettre », dit Martine.

« Les journalistes, poursuit-elle, sont à l'image de la société actuelle. C'est le règne de l'immédiateté et de l'urgence. L'anecdote, le fait divers priment sur le fond des choses. La politique du moyen et du long terme n'intéresse plus. » Son regard sur les médias est peu amène, elle évoque le culte de l'ego, chacun voulant trouver l'info qui fera parler de lui, de sa radio, de son journal. Des rédactions qui travaillent le dos au mur, des journalistes pressés par leurs chefs pour sortir une info. « Le problème, c'est qu'il n'y a pas tous les jours des choses à raconter sur un parti politique. »

Dans l'avion pour Athènes, Martine circule dans la travée, s'assoit sur un accoudoir. Dans sa main, deux guides touristiques. « J'ai eu juste quelques minutes hier soir avant de me coucher pour sélectionner deux ou trois endroits à visiter. » Elle n'est pas sûre d'avoir le temps, mais elle conseille à ceux qui l'accompagnent, son mari Jean-Louis Brochen, ainsi que l'épouse de Harlem Désir, et même aux journalistes (nous ne sommes que quatre), d'aller visiter le musée des Cyclades, « il est extraordinaire ».

On papote sur Athènes, une des villes les plus polluées au monde. Jean-Christophe Cambadélis, qui est du voyage, évoque sa famille grecque dont une partie vit encore à Athènes. Harlem Désir raconte avec quelle dextérité deux jeunes Sénégalais lui ont piqué son téléphone portable dans une ruelle de Dakar.

Et retour immanquable sur ce qui occupe tous les esprits. On est en effet en pleine « affaire Guérini ». Arnaud Montebourg accuse Martine Aubry de ne pas mettre de l'ordre dans le parti et de ne pas s'inquiéter des soupçons de malversations au sein de la Fédération des Bouches-du-Rhône.

« Je crois qu'Arnaud est devenu fou, dit-elle. Ou alors, il cherche à faire sa propre pub. M'accuser moi de ne pas mettre de l'ordre dans le parti ! Quand je repense à toutes les vacheries que j'ai reçues en pleine gueule au moment où il a fallu s'occuper de Georges Frêche. J'étais bien seule à l'époque, je n'ai pas vraiment été aidée. Je ne comprends pas que la presse parle autant de l'affaire Guérini. Soit il y a malversations, et il faut que les juges s'emparent du dossier, soit il n'y a pas de preuves. Mais je ne peux pas faire le gendarme du PS sans aucun fait. La présomption d'innocence existe tout de même dans ce pays, Laurence Vichnievsky est bien placée pour le savoir. Je crois surtout que Montebourg ne pense qu'à faire parler de lui. »

Après ce coup de chauffe, la conversation bifurque sur sa fille, Clémentine, aujourd'hui administratrice à l'Auditorium du musée du Louvre. La trentaine mais toujours aussi soucieuse de ne pas être « la fille de ».

On lui fait remarquer qu'à Athènes, elle marche sur les terres de DSK qui applique en Grèce la politique du FMI sans y faire l'unanimité. « C'est vrai que le plan d'austérité pour la Grèce est très lourd, dit Martine, on a donné peu de temps à ce pays pour atteindre ses objectifs. Dominique ne fait pas toujours ce qu'il veut au FMI, même s'il a fait évoluer les choses. Il n'est pas omnipotent. »

Quelques heures plus tard, la petite troupe atterrit à Athènes. Pendant que Martine s'assure du confort des chambres de chacun, un journaliste passe son temps accroché à son iPhone. L'info en temps réel.

Aubry sur TF1

Dans les coulisses du journal de TF1, le 28 février 2011. Tout s'est décidé très vite, une invitation à répondre à Nicolas Sarkozy qui s'est exprimé la veille sur le remaniement ministériel et sur la situation internationale dans les pays arabes.

« Le Grand Journal » de Canal Plus a lancé la même invitation, la parole d'Aubry est devenue rare, si bien que Michel Denisot propose l'émission entière, sans chroniqueurs. Martine hésite, mais un 20 heures de TF1 ça ne se refuse pas. « Ce n'est pas tous les jours qu'on est invité par TF1 », plaisante-t-elle. Elle s'en explique directement au téléphone avec Denisot. Il est déçu, elle s'en excuse.

A 19 heures, la voiture quitte Solférino, direction la Tour TF1. L'après-midi a été en partie consacrée à la préparation des fiches. Studieusement, on passe quelques coups de téléphone à des spécialistes du monde arabe.

Il y a aussi, apprécie Jean-Marc Germain, le directeur de cabinet, ceux qui appellent d'eux-mêmes, sachant que Martine a une interview, pour suggérer une idée ou donner une information.

En fin d'après-midi, c'est le défilé dans le bureau de Martine : Harlem Désir, Benoît Hamon, François Lamy, tout le monde y va de son conseil, tout le monde a son avis, son interprétation du remaniement ministériel, son point de vue sur l'avenir de la Tunisie.

« Tu devrais dire ça ce soir, il faut absolument insister sur ceci... » Une cacophonie à en perdre son latin. « De toute façon, la meilleure de toute cette bande, c'est toi », entend-on au milieu du brouhaha. L'attaché de presse fait le gendarme. Retour à la bonne vieille technique des fiches, écrites en gros avec un coup de stabilo jaune et quelques annotations de la main de Martine. Elle les relit jusqu'au dernier moment, une fois le direct lancé, elle ne les regarde plus.

Au maquillage, l'atmosphère est détendue. Rien à voir avec la femme que j'ai suivie il y a quelques années et qui était bien plus stressée par l'exercice télévisé. Martine est « zen » et taquine Catherine Nayl, la directrice de l'information, et Valérie Nataf, du service politique.

On évoque le salaire maximum. « Une proposition de Mélenchon, non ? » lui demande-t-on. « Je ne connais pas mon Mélenchon par cœur comme vous, plaisante-t-elle d'humeur badine et détendue, mais au PS nous sommes pour limiter les écarts de salaires de 1 à 20 et je crois que Mélenchon propose un écart de 1 à 7. » Catherine Nayl avance qu'une telle mesure ferait fuir les patrons, un argument balayé sans ciller par Martine Aubry : « Y a quand même un moment où il faut un peu de civisme ! »

C'est un jour particulier, on a appris le matin même la mort d'Annie Girardot, le sommaire du JT est remanié.

Martine relit ses fiches une dernière fois. « Le collier, ça va ? » se soucie-t-elle. Deux minutes plus tard, Laurence Ferrari l'accueille sur le plateau et lance un sujet sur François Fillon.

« Si vous aviez été présidente, demande Laurence Ferrari à propos de la situation en Libye, qu'auriez-vous fait ? » Réponse calibrée sur la France des Droits de l'homme, sur la nécessaire aide humanitaire, et proposition d'interdiction du survol du ciel libyen. C'était la phrase-clé que Martine souhaitait placer.

Elle ajoute une banderille au « président Sarkozy qui ne fait que colmater les brèches ». Et elle souhaite réagir à la mort d'Annie Girardot. « Une femme simple et juste. »

Générique de fin. L'exercice est calculé, à la seconde près : le « deal » était de cinq minutes, l'interview durera finalement 6 mn 40.

En quittant le plateau, Martine semble satisfaite. « On a gagné quelques secondes ! On a fait plus long que prévu », fanfaronne-t-elle de retour dans les loges.

La discussion est détendue, autour d'un verre, avec le staff TF1. Construction des mosquées, polémique avec les Frères musulmans, Martine évoque ses démêlés avec un imam lillois, avoue que les images d'Annie Girardot l'ont fait frissonner d'émotion, taquine un journaliste qui revient du ski bronzé et en profite pour raconter que le Forum social de Dakar « ce n'était pas des vacances, on a bossé comme des dingues, lever 6 heures coucher minuit tous les jours ».

Laurence Ferrari nous rejoint, souriante, décolletée. « C'était bien, non ? C'était fluide », dit-elle en se démaquillant. Martine prend des nouvelles du bébé. « Quatre mois maintenant, et il dort », répond la journaliste en souriant.

Martine est tellement à l'aise ce soir qu'elle lance : « C'est dommage que vous ne m'ayez pas posé de question sur les primaires ; ce soir j'étais prête à tout dire ! » blague-t-elle.

Le lendemain, le couperet tombe : mauvaise audience. « Aubry plombe le JT de TF1 », peut-on lire sur le site ozap.com. Le public de TF1, admet-on au PS, zappe parfois dès qu'il voit Martine Aubry mais on ne regrette pas le « coup de com' », même s'il n'a pas eu l'effet médiatique escompté.

Martine, escortée par le fidèle Jean-Marc Germain et l'attaché de presse François Rousseaux, quitte TF1. Dans la voiture, elle se détend.

« J'ai vraiment cru que Laurence Ferrari allait pleurer pendant le sujet Girardot, ça m'a donné les larmes aux yeux », raconte-t-elle. Elle allonge ses jambes, met ses pieds sur le devant de la voiture. « Ah zut ! j'ai oublié de parler de la société civile. »

Direction un restaurant libanais près des Champs-Elysées. Tous les lundis soir, c'est réunion-dîner pour les leaders socialistes. Un rendez-vous pour débriefer, réfléchir, réagir sur l'actualité. « C'est Martine qui choisit le resto à chaque fois. »

Une bonne table, peut-être aussi pour pacifier les inimitiés. Récemment certains se sont plaints du ton autoritaire de Martine pour mener les débats pendant le bureau national, de son manque d'écoute. « On peut à peine en placer une ! Il n'y a qu'elle qui parle et elle coupe la parole. » Lassi et kebbé pour apaiser les esprits.

★

Dans les couloirs de France Inter, janvier 2011. Martine tempête. Elle parle des journalistes qu'elle côtoie dans ses déplacements. Jamais de questions sur l'emploi, le développement industriel, la création d'entreprise, se plaint-elle.

« Non, tout ce qui les intéresse, ce sont mes fâcheries avec Ségo ou mes rapports avec Dominique. »

A son retour de Jarnac, lors de la commémoration de la mort de François Mitterrand, Martine s'étonne de l'écart entre la réalité et son compte rendu dans les médias. *Libéra-tion*, selon elle, sous la plume de David Revault d'Allonness « a écrit n'importe quoi ». « Et l'AFP a carrément déformé mes propos ! On me demande qui sont les héritiers de François Mitterrand, je réponds que les héritiers ne parlent pas d'eux-mêmes mais parlent à la France. Traduction : "Martine Aubry tacle Ségolène Royal". »

Enervée, lassée par ces interprétations, elle s'amuse aussi d'un journaliste qui pensait connaître ses pensées, ses projets. « Mais si vous savez ce que je pense mieux que moi, écrivez-le, ne vous gênez pas », lui lança-t-elle. « On a écrit qu'à Jarnac on ne s'était pas adressé la parole avec Ségolène, poursuit-elle, alors qu'on a déjeuné ensemble à la même table. » D'après elle, la vision que les médias donnent de la politique est souvent tronquée.

Quelques semaines plus tard, elle s'avoue déçue par une interview sur France 2. Elle y vient un dimanche midi pour parler du livre *Pour changer de civilisation* (Odile Jacob), rédigé par des intellectuels, et dont elle a écrit la préface. Elle hausse les sourcils. « Et Marie

Drucker qui n'avait même pas lu le livre. Axel Kahn était furieux. » Et ces questions, inévitables, qui l'énervent de plus en plus, sur les primaires, sur son éventuelle candidature, sur ses concurrents.

Martine quitte les plateaux de télévision avec soulagement. La vie parisienne lui pèse certains jours et c'est souvent avec un plaisir non dissimulé qu'elle regarde défiler les rues de la capitale lorsqu'elle remonte vers la gare du Nord, avant de s'installer, enfin, dans le TGV. Le retour à Lille est synonyme d'accalmie.

La star de Lille

Il est facile, certes, de comparer les hommes ou les femmes politiques à des stars. Mais les similitudes sont parfois flagrantes, même si eux-mêmes ne se vivent pas comme tels.

Il suffit de se promener dans la rue avec n'importe quel responsable, qu'il soit député ou leader d'un parti, pour constater à quel point il attire les regards, les remarques, les inimitiés comme les passions. On lui donne son avis, on lui touche le bras, on le prend en photo avec son téléphone portable.

On lui parle comme s'il faisait partie de la famille. On lui dit qu'on l'aime ou qu'on ne l'aime pas. La politique intrigue, séduit, fait rêver tout autant qu'elle suscite la méfiance.

« *Tu l'as vue ?* »

Mars 2001. Une date-clé dans un parcours politique fait de pleins et de déliés. Martine Aubry est élue maire de Lille, vice-présidente de la communauté urbaine. Mars 2011 : Martine Aubry fête ses dix ans de mandat à la tête de la ville. La suspicion des premiers temps (« elle n'est pas d'ici ») a cédé la place à une popularité hors norme, et à une réélection avec un score soviétique. Quand Martine Aubry organise la traditionnelle cérémonie des vœux dans les tout premiers jours de janvier, le Tout-Lille se précipite. Plus de trois mille personnes serrées dans le grand hall de la mairie, un verre à la main, du quidam au responsable associatif en passant par le chef d'entreprise ou l'artisan.

On veut la voir, la toucher, lui glisser un mot personnel, lui faire une demande, la remercier, la questionner.

Un Brian de Palma se serait régalé. Après la venue de la maquilleuse dans son bureau, Martine doit emprunter un long chemin en coulisses pour accéder à la scène où la foule l'attend. On se croirait dans *Snake Eyes*, où un plan séquence mémorable suivait l'arrivée de Nicolas Cage/Rick Santoro dans le palais des Sports d'Atlantic City, bondé à craquer.

Enfilade de couloirs, température qui monte de l'autre côté où l'on patiente depuis une demi-heure et où l'on s'échauffe à coups de bières ou de coupes de champagne. Nous sortons du bureau de Martine, un premier couloir, un virage, un escalier. Martine s'en amuse. « Mais vous m'avez fait prendre le chemin le plus long ! » Un deuxième couloir. Elle n'a pas le trac. Elle est ici chez elle. Elle connaît tout le monde, ou presque. Les vœux, un exercice balisé, déjà répété plusieurs fois, à la presse, aux différents corps de métier. Dans sa main, ses fiches, un bref rappel de ce qui a été fait et reste à faire, des fiches rédigées à plusieurs avec ses conseillers. Un autre couloir, interminable. On entend la rumeur de la foule.

Martine porte un ensemble plissé, violet, brillant, légèrement scintillant. Tenue de fête. « J'en ai marre, j'ai pris dix kilos depuis le début de la campagne », me lâche-t-elle quand on arrive au bout du couloir.

Elle monte sur scène, on l'applaudit, à ses côtés Pierre Mauroy et les élus de la ville. Le plus cocasse vient après le discours. Martine se fraye un chemin dans la foule. Tout le monde veut lui parler, « la voir ». C'est un bain de foule qui n'est pas pour lui déplaire. On veut la toucher, on en a les larmes aux yeux. Un couple assez âgé parvient à s'approcher, enfin ; visiblement Martine les connaît. La femme dit trois mots puis deux grosses larmes coulent sur ses joues. Martine lui prend le visage entre ses deux mains, l'embrasse comme on le ferait avec une enfant. On se dit au revoir, à bientôt. Déjà d'autres mains agrippent madame le maire, on lui donne un dossier, récupéré par un conseiller. Martine poursuit lentement sa traversée de la foule. J'entends autour de moi : « Tu l'as vue ? Tu l'as vue ? » Lui serrer la main semble procurer une satisfaction orgasmique.

Il fait de plus en plus chaud et on est de plus en plus serrés. Mieux vaut ne pas être claustrophobe. Les deux agents de sécurité autour de Martine Aubry sont débordés, ils la perdent de vue, elle est happée par les uns et les autres. Cela me rappelle le bas des marches du Festival de Cannes, où tout le monde écrase les pieds de son voisin pour apercevoir le bout du nez de Stallone ou la tête de Deneuve. L'exercice va durer plus de deux heures. Vers 23 heures, Martine est dans une voiture qui la ramène chez elle.

Au moment de tirer le rideau sur cette journée, on imagine le tourbillon d'émotions et de sensations contradictoires qui doivent se bousculer en elle. Il faut au moins la quiétude de sa maison lilloise pour l'apaiser.

Chapitre 2

La fille de sa mère

On imagine, bien sûr, l'influence paternelle sur la personnalité de Martine Aubry. Mais on aurait tort de sous-estimer l'héritage maternel.

Marie Delors est une forte personnalité. « Une sacrée bonne femme », résume Bernard Kouchner. Le grand public ne connaît ni son visage ni même son prénom. Pourtant, son influence sur l'itinéraire intellectuel de sa fille est, aux dires même de Jacques Delors, fondamentale.

Lovée dans son canapé bordeaux, un châle sur les épaules, Martine évoque ses rapports avec ses parents. « J'ai toujours eu une grande complicité intellectuelle avec mon père, depuis toute petite. Un de mes premiers souvenirs remonte à un exposé que je devais faire sur le racisme, j'avais une douzaine d'années. J'ai discuté des heures avec mon père pour préparer cet exposé. » A Sciences-Po et à l'ENA, elle continue de se nourrir de leurs échanges. Elle lui demande conseil pour un livre ou lui parle d'un thème qu'elle étudie. Encore aujourd'hui, son premier réflexe est souvent de l'appeler avant un passage à la télé, ou pour discuter d'un sujet qui fait débat. Mais la confidente, l'amie, le modèle, c'est la mère.

Au cours de mes conversations avec Martine Aubry, deux choses m'ont étonnée. Tout d'abord, cette façon enfantine de dire encore « maman » dès qu'elle parle de sa mère. Une manière qui tranche avec les conventions de langage. Ensuite, la seule évocation de sa mère provoque en elle une prolixité incroyable. « J'ai une passion et une grande admiration pour elle », dit-elle dans un élan. Elle aime parler d'elle, la citer, rappeler un souvenir, multiplier les anecdotes. « J'en ai souvent marre qu'on me parle sans cesse de mon père. Parce que ma vraie influence, c'est ma mère. Mes valeurs, ma morale, mon approche de la vie, c'est à elle que je les dois... »

Marie Delors est une femme charismatique, mais discrète. A mon grand regret, je ne parviendrai pas à la rencontrer. Sa règle est intangible : jamais d'interview. Voilà qui ajoute du mystère à une personnalité peu commune. J'ai dû me contenter des témoignages enthousiastes des amis d'enfance de Martine Aubry : ceux qui ont longtemps fréquenté l'appartement des Delors situé à l'époque dans le quartier de Bercy à Paris, ou ceux qui, encore aujourd'hui, partagent la table familiale. Marie Delors fait l'unanimité. « Une femme forte, généreuse et très gaie », « Un caractère bien trempé », « Elle est la seule à mener Martine à la baguette. Avec Clémentine, sa fille », « Pas le genre à rester dans l'ombre de son mari », entend-on régulièrement à son sujet.

Un proche module le tableau familial : « Le père, c'est quand même un peu la statue du Commandeur ; la mère, c'est la confidente. »

Bernard Kouchner connaît un peu la famille. Il livre sur Marie Delors une analyse qu'il ne veut pas trop « psychologisante » : « J'ai été frappé par les similitudes entre les deux femmes. Je crois que Martine a voulu être sa mère. Elle veut lui ressembler. Elle a sa ténacité et son franc-parler. Mais elle a beaucoup hérité de son père, notamment des défauts. C'est un étrange mélange des deux personnalités. Je la crois pourtant plus attirée par le modèle maternel. »

Marie Delors, née Lephaille, est originaire d'une famille de paysans basques. Ses parents, Martin et Pauline, étaient « montés » à Paris pour s'installer comme employés de maison chez de riches industriels. Martine se souvient encore de la beauté prestigieuse de l'hôtel particulier ; elle était émerveillée à chaque fois qu'elle rendait visite à ses grands-parents dans ce coin douillet du XVIe arrondissement. Côté paternel, c'est l'aridité de la Corrèze, dont Martine se sent moins proche. Le grand-père, Louis, qui disparaît lorsque Martine est une jeune adolescente, a fait ses classes à la Banque de France. Un ancien héros de la guerre de 1914. La grand-mère, Jeanne, mêle un fort tempérament et une tendre dévotion pour son fiston, Jacques.

Marie Lephaille a passé son enfance à la campagne, sous le soleil du Sud-Ouest. Elle n'a pas fait d'études poussées comme son mari. Elle le rencontre alors qu'ils sont tous deux employés de la Banque de France. Programmés pour une vie simple.

Tous les témoignages concordent : Marie Delors est une femme joyeuse, énergique, portant une attention constante et sincère à autrui.

Une pipelette aussi. Incorrigible bavarde, avec son accent basque chaud et rocailleux, elle ne mâche pas ses mots. Comme sa fille. Devenir madame Delors ne lui a jamais enlevé ni bon sens ni spontanéité. Elle n'a jamais été fascinée par les « ors des palais » et reste étrangère aux subtilités du pouvoir. Elle affiche un tempérament volubile, et ne se prive pas de rudoyer son mari ou sa ministre de fille. « Lorsque mon père était à la présidence de la Commission européenne, raconte Martine, ma mère a refusé de se rendre à une soirée officielle avec l'ambassadeur du Japon, uniquement parce qu'elle s'était engagée à dîner avec la famille de son cordonnier ! C'était bien plus important pour elle. »

« Redoutable » pour certains, « terriblement intuitive » pour d'autres, Marie Delors dit souvent tout haut ce qu'elle pense des gens. « Maman est hallucinante, poursuit Martine, elle "sent" les gens avec une intuition formidable. D'autant plus qu'elle ne prête jamais attention ni aux apparences ni aux fonctions. La seule chose qui l'intéresse, c'est le fond de la personne à laquelle elle s'adresse. » Elle a la réputation de pouvoir se faire une opinion sur un individu en un temps éclair, avec une très faible marge d'erreur. « C'est un personnage. » Face à Marie Delors, vous voilà donc jaugé, ausculté, analysé, soumis parfois à un commentaire lapidaire. Des traits de caractère qu'on retrouve intacts chez Martine Aubry, réputée, elle aussi, pour sa franchise et son ton parfois cassant.

Droite, loyale, la mère de Martine Aubry est aussi une femme de convictions : son engagement va marquer définitivement la vie de sa fille. C'est elle qui a donné à Martine le sens de la vie collective. C'est elle qui lui montrera que la générosité n'est pas seulement synonyme de charité chrétienne, mais peut exiger aussi de l'engagement citoyen. C'est une femme enthousiaste qui affiche une indéfectible gaieté, malgré les souffrances qui ont déchiré sa vie. A deux reprises, elle devra surmonter le pire des drames. La mort de son premier enfant, décédé à la naissance. Puis, de longues années plus tard, en 1982, celle de son fils Jean-Paul, qui succombera à une leucémie à l'âge de vingt-neuf ans. La blessure demeure irréparable. On dit des grandes douleurs qu'elles sont muettes. La souffrance et la dépression seront masquées de pudeur. La vitalité et la force de caractère de Marie resteront malgré tout immuables, consolidées par une foi en Dieu inébranlable.

Etrange destin que celui de Martine, née entre deux enfants aujourd'hui disparus. Se fait-on alors un devoir d'exister, de briller encore plus ? N'est-il pas compréhensible de se sentir guidé par l'envie de vivre intensément ?

« La maison était toujours gaie... »

Son côté bon vivant, Martine le doit à sa mère. « Grâce à elle, explique Martine, la maison était toujours gaie. » Il régnait une atmosphère joyeuse et chaleureuse dans le petit appartement de la rue Emile-Gilbert dans le XIIe arrondissement de Paris. L'immeuble, dans le quartier de Bercy, est simple, ni luxueux, ni miséreux. Des fenêtres du salon s'échappent à plein volume des musiques en tous genres, avec une prédilection pour le jazz. Sous ses allures austères, Jacques Delors est un dingue de musique, qui ne peut s'empêcher de tourner le bouton du son au maximum. Parmi ses passions : Sonny Rollins, dont il passe et repasse – jusqu'à provoquer le ras-le-bol de ses deux enfants – les tout derniers 33 tours. « C'est mon père qui m'a offert mon premier disque des Beatles », se souvient Martine avec nostalgie.

La porte de la maison des Delors reste ouverte à tous. Les amis savent qu'ils peuvent venir à n'importe quelle heure. Des dîners s'improvisent pour discuter de l'actualité jusque tard dans la nuit. Jacques et Marie sont tous deux militants à la Confédération française des travailleurs chrétiens. Il y a toujours du passage, du monde. On s'attable dans la bonne humeur pour manger entre copains. La maison est un lieu de parole où la télévision n'a pas sa place. « L'habitude était que chacun, petit ou grand, raconte sa journée, se souvient Martine. La télé nous aurait empêchés d'avoir toutes ces discussions. D'ailleurs, encore aujourd'hui, je n'ai pas le réflexe de l'allumer. Je n'ai eu la télévision qu'à l'âge de quatorze ans. C'était en 1964. Mon père a fini par craquer pour les jeux Olympiques de Tokyo. »

Un appartement où résonnent aussi les fous rires et les complicités chuchotées entre Martine et Jean-Paul, son frère adoré avec lequel elle a fait chambre commune pendant près de dix ans. Jean-Paul n'a que trois ans de moins que sa grande sœur. Une forte connivence les unit, faite de fascination, de conversations interminables et de rigolades avant le coucher.

Sur la réserve, Martine se livre peu à peu. « Jean-Paul était un garçon extraordinaire. Il avait tous les dons. Brillant à l'école alors qu'il travaillait deux fois moins que moi. Excellent musicien, il jouait de la guitare dans un groupe de rock. Fantasque, indépendant, original, il était l'inverse de moi qui étais plus sérieuse. Malgré ses fantaisies qui allaient parfois loin, je crois qu'il nous fascinait tous. Je devais exister face à une telle personnalité. Je m'étais mis en tête que je devais compenser. »

Baba cool jusqu'au bout du shilom, Jean-Paul Delors, au grand regret de son père, préférera la vie en communauté aux études supérieures. Il sera journaliste. Un vieux rêve de jeunesse toutefois pour Jacques Delors, partagé un temps par Martine. Quelques années plus tard, il créera un journal à Toulouse où il avait choisi de s'installer, avant de devenir l'un des meilleurs correspondants de *Libération*.

En écoutant Martine Aubry, on perçoit qu'elle aime parler de son enfance. La langue de bois politique se fissure. Plus rien n'est feint. Le berceau de ses valeurs et de sa morale apparaît idéal. Reconstruit-elle un paradis perdu ? Voudrait-elle bâtir une légende, qu'elle ne s'y prendrait pas autrement. On a beau chercher et la questionner, le tableau présenté reste idyllique. Confiance, gaieté, ouverture sur le monde semblent avoir bercé ses années d'apprentissage.

L'allégresse et la joie de vivre du foyer, Martine les transpose à l'école. Elle est une élève espiègle, chahuteuse, turbulente parfois. Sa scolarité a toujours été insouciante. « J'ai été très moyenne, précise-t-elle dans un

sourire. Je suis toujours passée de justesse. »
Ce n'est qu'à l'Université qu'elle se découvrira un penchant pour les études.

Si Jacques Delors est attentif aux résultats, son épouse Marie n'est pas une obsédée de la réussite scolaire. Donner de solides valeurs à ses enfants et faire en sorte « qu'ils soient bien dans leur peau », voilà sa priorité en matière d'éducation, plutôt que la course aux diplômes. « Lorsque mon père regardait les bulletins de ma fille, relate Martine, il ne voyait que ce qui clochait. Il faisait une remarque sur une mauvaise note en latin, même si tout le reste était brillant. Pas le genre à se répandre en félicitations. »

Côté maternel, il y a beaucoup de chaleur pour faire passer des messages essentiels. Pour Marie, l'éducation d'un enfant s'effectue moins dans l'enceinte de l'école que dans l'apprentissage des leçons de l'existence. Une théorie que Martine reprendra volontiers à son compte. « C'est grâce à elle que j'ai forgé ma philosophie de la vie, précise-t-elle. Ne pas se plaindre, se dire qu'il y a toujours plus malheureux que soi. Et surtout prendre le bon côté des choses. On n'a qu'une vie et il faut en profiter. Voilà les précieux enseignements de maman que j'ai essayé d'inculquer à mon tour à ma fille. »

Martine Aubry a ainsi baigné toute son enfance dans une ambiance confiante et aimante, presque une image d'Epinal. Un terreau fertile pour une personnalité peu encline aux névroses.

« Martine est tout sauf une torturée de la tête, dit son amie, Sylvine Bailly. C'est une déconneuse. » Son goût pour les incongruités glissées au milieu d'un discours public nourrit les anecdotes. « Devant un rassemblement de militants, se souvient l'écrivain Dan Franck, je lui ai demandé de dire six fois le mot "spaghetti". Elle l'a fait. Et elle en était folle de joie. »

Ses proches en conviennent : elle a hérité de sa mère un « côté basque » (j'ignorais à ce jour qu'il existait une « basque attitude »), présenté comme un penchant pour la tchatche et les dîners entre copains où l'on parle de tout, sauf de boulot.

Martine aime être en bande le plus souvent possible, pour une soirée improvisée chez elle, un week-end ou une virée en vacances.

« Souvent on part à deux et on se retrouve à douze », raconte un ami. Appliquée même hors de son travail, elle répertorie depuis toujours dans un petit carnet les adresses des meilleures tables.

La gaieté et l'enthousiasme animeront également ses débuts de ministre en 1991. « Le premier cabinet possédait sans conteste un côté bohème et romantique, se remémore Jean-François Alessandrini, à l'époque conseiller en communication. A quelques exceptions près, on découvrait le quotidien du ministère du Travail, grisés par les responsabilités. L'exercice du pouvoir a toujours quelque chose d'exaltant au début. On avait l'impression que tout était possible. Martine symbolisait à ce moment une nouvelle façon de faire de la politique, avec des discours et des méthodes différentes. Elle fascinait les gens. Elle avait une fraîcheur, une originalité qui se sont sans doute estompées avec les années. On garde tous un souvenir mélancolique de ces réunions un peu bordéliques où la bonne humeur régnait. » A tel point qu'une association d'anciens du cabinet fut créée, « les canetons du Châtelet », du nom des canards qui barbotaient dans les jardins de l'hôtel du ministre rue de Grenelle. L'occasion de se retrouver pour des gueuletons joyeux et nostalgiques.

Aujourd'hui à Lille comme au PS, son cabinet prend parfois des allures de fêtes potaches. On ouvre le champagne pour les anniversaires, toutes les occasions sont bonnes pour organiser un pot imprévu.

La convivialité, c'est le truc de Martine. Sa marque de fabrique, son cheval de bataille. C'est aussi l'image qu'elle entend donner d'elle-même. Au point de la revendiquer haut et fort. Son entourage a maintes fois tenté d'adoucir l'apparence médiatique de Martine. Elle-même lutte contre cette réputation de femme aux mâchoires serrées. Grandes tablées, rigolades entre copains, Martine Aubry aime s'amuser. Et elle voudrait bien que cela se sache.

Le biberon de la solidarité

C'est encore auprès de sa mère que Martine Aubry va faire l'expérience d'une vie dédiée à l'engagement.

« Maman ne travaillait pas, raconte-t-elle. C'était son choix. Mais elle était tout le temps en dehors de la maison. Quand elle sortait acheter une baguette de pain, elle pouvait revenir deux heures plus tard ! Car elle parlait sans cesse avec tous les gens du quartier, attentive au moindre souci, toujours prête à rendre service. Ce n'était pas de la charité chrétienne, mais plutôt une certaine idée de la vie de quartier, comme au Pays basque où tout le monde se connaît et s'entraide. »

Le Pays basque, Martine Aubry adore. « J'ai aussi de la famille du côté de mon père en Corrèze. Mais le Sud-Ouest, c'était franchement plus gai et moins austère ! » Elle est fière de ses origines familiales. Et s'amuse visiblement à l'idée que sa mère ait transposé les habitudes de son village natal à Paris. « Dans le Pays basque, on vit comme cela. Dès qu'un habitant du village est dans le besoin, il y a toujours quelqu'un pour lui venir en aide. Si une personne âgée est malade, on s'organise pour lui faire ses courses et ses repas. Si un paysan doit s'absenter quelques jours, on nourrit ses animaux et on s'occupe de sa ferme. »

Dès son plus jeune âge, Martine a pris

l'habitude de passer le mois d'août dans le Sud-Ouest. Avec son frère Jean-Paul, elle attend ces vacances avec une grande impatience : le ton est donné dès le départ, dans l'ambiance surchauffée des trains spéciaux affrétés par les Basques de Paris.

Là-bas, elle s'imprègne de cette atmosphère chaleureuse et fraternelle. Aujourd'hui, elle affirme que « l'esprit basque » ne l'a toujours pas quittée et qu'elle le retrouve parfois dans la vie lilloise.

Chez les Delors, la solidarité et le partage ne se veulent pas des mots abstraits. Marie Delors va léguer à Martine le goût du « terrain », érigé plus tard en doctrine politique.

Marie Delors fait partie de ceux qui vivent leur foi catholique dans la vie quotidienne. Elle est une fidèle de la paroisse du Saint-Esprit près de la Bastille. Les Delors sont catholiques, mais pas bigots. De vrais « cathos de gauche », qui aiment mettre en pratique leurs convictions. Leur engagement syndical, ils vont le vivre au sein d'un organe chrétien s'il en est. La petite Martine a l'habitude de voir ses parents participer activement aux réunions et aux meetings de la CFTC.

A l'Institut Saint-Pierre Fourier – une annexe du Couvent des oiseaux où elle effectue presque toute sa scolarité –, Martine dit avoir été choquée par les catholiques pratiquants dont les actes n'étaient pas toujours en accord avec les idées.

« J'ai gardé le souvenir d'une ambiance de "faux culs", raconte-t-elle. Derrière les prières et la messe du dimanche se cachait pas mal d'hypocrisie. C'était une époque où l'on montrait du doigt les enfants de divorcés. Cela m'a beaucoup marquée. Je me souviens en avoir parlé un jour à ma mère, lui posant toutes sortes de questions précises sur le divorce. Elle m'a répondu avec une étonnante tolérance, qui tranchait avec l'esprit de l'époque. » La seule chose dont Martine n'ait pas hérité de sa mère est la foi. Les épreuves de la vie l'ont rendue définitivement athée.

Dès que Martine est en âge de marcher, sa mère l'emmène avec elle arpenter les rues du XIIe arrondissement. De Bastille à République, elle découvre avec son frère, alors haut comme trois pommes, des arrière-cours insalubres et des logements de misère. Les Trente

Glorieuses n'ont pas été prospères pour tous. La mère de Martine connaît chaque ruelle comme sa poche. Elle est un peu la reine du quartier, on apprécie son énergie, ses coups de gueule. Elle rend toutes sortes de services aux enfants. « A l'époque, on ne parlait pas d'alphabétisation ou de rattrapage scolaire, précise Martine, ça n'était pas à la mode. On aidait le fils de la concierge, un point c'est tout. Ça nous semblait logique, à nous qui avions tout, ou presque, car on ne roulait pas sur l'or. Avec mon frère, on passait tous nos jeudis après-midi à faire les courses pour les voisins ou à aider les gamins du quartier à faire leurs devoirs. C'était normal. Comme de faire son lit. »

Pour Martine Aubry, la solidarité et l'action sociale sont depuis toujours un mode de vie.

Avoir été très tôt confrontée aux inégalités sociales, voilà qui façonne une vocation politique. Sa conscience de gauche, Martine Aubry l'a puisée non pas dans les textes de Karl Marx, de Jean Jaurès ou de Léon Blum, mais dans ses découvertes des quartiers de Paris. Sa prise de conscience politique est sociale plus que philosophique. Elle l'acquiert plus par une pratique sur le « terrain » avec sa mère que par la lecture de quelques livres fondateurs.

Plus tard, les ministères qu'elle choisira seront ceux où elle pensera avoir une influence directe sur la vie des gens. Son éducation l'amène à s'intéresser à des secteurs d'intervention spécifiques. Solidarité, santé, emploi, des domaines directement liés aux préoccupations de sa mère.

Aujourd'hui lorsqu'elle fréquente les associations de femmes maghrébines dans le quartier de Lille-Sud, les images d'arrière-cours de son enfance lui reviennent en mémoire. « Les gens vivaient dans des conditions déplorables, se remémore-t-elle. La plupart des familles s'entassaient dans de minuscules rez-de-chaussée. »

La politique compassionnelle

Une enfance qui baigne dans le civisme et les « petits coups de main » rendus à chacun. Martine Aubry rêve, avec une pointe de naïveté, à son idée de la citoyenneté. Faire de la solidarité et du civisme un réflexe pour l'ensemble des Français dans une société qu'elle souhaite moins individualiste. « Et si les Français étaient prêts à partager, prêts à redistribuer le temps de travail et ses revenus (...), prêts à renoncer à certains avantages pour permettre une moindre précarité des autres, prêts à se tourner vers l'Est et le Sud ? », écrivait-elle il y a quelques années.

Rendre service jusqu'à l'opiniâtreté peut cependant avoir ses revers. Il est arrivé à Martine d'annuler un meeting, où sept cents militants l'attendaient, pour défendre ailleurs une cause qui lui paraissait fondamentale, contre l'avis de son entourage. A Lille, ses collaborateurs ont vite remarqué qu'elle pouvait consacrer des heures à chercher un contrat d'apprentissage pour un jeune des quartiers défavorisés rencontré la veille dans la rue, au risque de délaisser d'autres dossiers.

Depuis l'enfance, Martine Aubry a pris l'habitude de se penser dans le monde. « Maman m'a donné un sens aigu de la vie collective, explique-t-elle. Cela m'a permis ensuite de mieux comprendre les philosophes du XVIIIe siècle dont me parlait mon père.

L'idée de l'homme au centre de la société, pivot autour duquel doivent s'articuler les réformes, m'a beaucoup influencée. La philosophie des Lumières a été une étape fondamentale dans mon parcours intellectuel, nourri aussi de cette "formation sur le tas" prodiguée par maman. Je reste profondément marquée par l'idée que la raison peut faire changer le monde. Je trouve que les socialistes se sont parfois trop éloignés de ces valeurs. Je crois fondamentalement que les hommes et les femmes peuvent agir sur les choses. Dans la non-acceptation des inégalités, le syndicalisme et le mouvement ouvrier ont prouvé leur force. L'Europe est le seul continent où persiste cette idée que l'homme peut changer la société. Aux Etats-Unis, le facteur de changement, c'est la liberté, la loi du plus fort. En Afrique, c'est la fatalité. En Asie, les forces obscures autrefois et maintenant le marché. Nous sommes le seul continent qui croit aux hommes et en leur capacité à transformer la société. »

Collecter de vieux vêtements, préparer des colis de nourriture, aider les voisins : même si ces gestes d'enfance paraissent anodins, ils vont creuser le sillon d'un futur credo en politique.

Que faire pour éviter une médecine à deux vitesses ? Comment réduire le chômage des jeunes ? Comment améliorer les conditions de travail des salariés ? Autant de questions qui renvoient à l'exemple maternel, fait de pragmatisme et d'efficacité.

Ainsi, l'idée de la couverture maladie universelle (CMU) trouve-t-elle son origine lointaine dans les ruelles miséreuses du XIIe arrondissement.

Sa mère, bien plus que son père, a légué à Martine l'envie de faire primer l'action sur le discours. Et c'est ainsi que quelques années plus tard Martine appela sa fondation « Agir contre l'exclusion ».

Agir, Martine a pu le faire dès son arrivée à la mairie de Lille. Elle affirme y avoir trouvé plus de liberté d'action que dans n'importe quel ministère. « La politique, c'est la proximité », dit-elle sans cesse.

Aujourd'hui, Martine Aubry fait de la politique à la manière dont elle accompagnait sa mère entre Bastille et République. Une aubaine : la proximité peut se révéler utile pour reconquérir un électorat qui a perdu l'envie de voter.

Mais l'obsession du « terrain » révèle sa force et ses limites. On reproche parfois à Martine de confondre la politique avec le caritatif et le civisme. Pas de compréhension globale, pas de vision internationale, la priorité donnée au cas par cas.

Le terrain, la proximité, le « care », sont des mots qui font sourire tant à droite qu'à gauche. Roselyne Bachelot ironise : « C'est Marie-Chantal découvrant la proximité ! » « Je ne vois pas pourquoi elle revendique ainsi sa façon de faire du terrain, remarque Bernard Kouchner, ce n'est que le b.a. ba du métier. Elle n'a rien inventé et beaucoup d'élus font de même, avec plus de discrétion. »

Opinion confortée par un autre élu. « Le seul fait de parler de proximité montre que sa façon de s'y intéresser n'est pas naturelle. Les élus lambda ne parlent pas de proximité, ils agissent. » Pour Arnaud Montebourg, rien de révolutionnaire. « C'est voir la politique par le petit bout de la lorgnette, rétorque-t-il. Ce n'est pas en répondant à quelques lettres qu'on règle les problèmes de la France. Elle se perd dans son souci du détail. » Peu sensible aux critiques, Martine continue de creuser son sillon, persuadée depuis des années que la politique ne peut se faire que de cette manière, aussi éparpillée soit-elle.

Chapitre 3

La sœur de son frère

Martine la dure-à-cuire, la « mère-emptoire » comme on la surnommait dans le gouvernement Jospin, est aussi une grande compassionnelle. « Elle pleure aux enterrements même si elle ne connaît pas les gens », a raconté un jour Benoît Hamon.

Plus d'un ont fait l'expérience de raconter à Martine la maladie d'un parent ou d'un ami, et de la voir les larmes aux yeux. L'empathie qui la caractérise trouve son origine dans sa culture familiale, dans l'influence jouée par sa mère, mais aussi dans un drame personnel méconnu.

Un deuil impossible

Au cours de nos entretiens, Martine Aubry a parfois évoqué la figure emblématique et le décès tragique de son frère, alors qu'il n'avait que vingt-neuf ans. « Il aimait la politique. A l'époque, ses idées l'avaient conduit à militer au Parti socialiste unifié (PSU). Il voulait d'ailleurs m'y attirer à ses côtés. »

Martine ferait-elle de la politique, si son frère n'avait pas disparu ? On ne peut exclure chez elle un besoin de compenser, de vivre pour deux, de faire exister aujourd'hui ce que son frère n'a pas eu le temps de réaliser.

Jusqu'à quel point l'indicible manque imprègne-t-il la vie politique de Martine Aubry ? Elle dont les collaborateurs disent qu'elle a l'habitude de se choisir dans le travail de véritables alter ego, « des substituts de frères ». Ce que confirment deux de ses anciens directeurs de cabinet, « surtout lorsqu'il n'y a pas d'enjeux sexuels entre nous ».

« Son indignation devant la souffrance d'autrui s'explique aussi par ses propres blessures. C'est sa propre souffrance qu'elle voit », raconte une amie. Le destin de Martine est habité par le drame. Sa vie est l'histoire d'un deuil impossible.

Jean-Paul Delors a laissé le souvenir d'un jeune homme jovial, fraternel et curieux. « Un garçon loyal, pudique, se souvient un de ses compagnons à l'école de journalisme. Il était sensible, vulnérable. Il aimait faire la fête et était toujours partant pour une tournée des grands-ducs. »

Parfois la tête dans les nuages, d'un naturel discret, mais défendant ses convictions avec acharnement. Dynamique et entreprenant, il s'était lancé dans l'aventure de la création d'un journal régional à Toulouse, *L'Autan*, « un journal de contre-information, comme on disait à l'époque, raconte son ancien confrère Dominique Frot. Il avait peu à peu cessé de militer au PSU mais restait fidèle à ses idéaux. A Toulouse, il vivait en communauté. La maladie l'a forcé à rentrer à Paris. » Sa passion pour la Corse, Jean-Paul Delors la concrétise dans un livre paru en 1978, *La Poudrière corse,* qui lui vaudra un passage remarqué à « Apostrophes » comme le rappelle la journaliste Ariane Chemin dans la revue *Corsica.*

Rongé par la leucémie, affaibli par les traitements, toujours volontaire pour tester de nouveaux médicaments, il devient à *Libération* un grand spécialiste des questions corses. « Même fragilisé par la maladie, raconte sa consœur de *Libération* Béatrice Vallaeys, il continuait malgré tout de suivre les procès des nationalistes. Il était tellement actif que certains à *Libé* ne soupçonnaient même pas qu'il était souffrant. » Seuls les proches confrères remarqueront un jour son départ précipité du journal alors qu'au téléphone son dentiste vient de lui donner des résultats en lui intimant de se rendre derechef à l'hôpital Gustave-Roussy pour des analyses complémentaires. Des collègues de rédaction comme Fabien Roland-Lévy et Jean-Michel Baer qui gardent, unanimes, le souvenir d'une personnalité très attachante, lumineuse. Jean-Paul était un passionné, ardent défenseur de ses convictions politiques (« libertaires constructives de gauche » pour reprendre les mots du journaliste Fabien Roland-Lévy), qu'il ne pouvait qu'imaginer faire siennes jusque dans sa vie privée.

Jean-Paul reste discret sur sa famille, rappelant au détour d'une conversation son admiration pour sa mère (« la bonté incarnée »), peu disert sur Martine. Certains amis ignoraient même qu'il avait une sœur. Il évoque toutefois sa complicité avec « celle qui l'aidait à ronéotyper ses tracts du PSU avec le matériel de l'ENA ». A *Libé*, il défend la politique de Jacques Delors, suscitant quelques vives discussions au sein de la rédaction. Il était fier de la modestie de son père. Pas le genre, aimait-il rappeler, à se gargariser de pouvoir. Et s'il devait monter dans une voiture officielle, il ne s'asseyait jamais à l'arrière, toujours à côté du chauffeur.

Avec la maladie de Jean-Paul, l'hôpital devient la deuxième maison de Martine. Elle n'a pas encore trente ans. Pas un jour sans qu'elle ne rende visite à son frère. Il y aura des moments d'espoir, de découragement, d'angoisse. Un sentiment de rage et d'impuissance aussi.

Martine fut alertée de la gravité de la maladie de son frère par Jean-Louis Capitaine, son confident et ami de toujours. Ils marchaient tous deux près de l'Ecole militaire, longeant les grandes avenues du VIIᵉ arrondissement.

Dans la rue, soudain, elle explose. Elle hurle sa peine. « Mais pourquoi ? Pourquoi ? » crie-t-elle à pleine gorge.

Jean-Louis n'oubliera jamais ce cri terrible. Depuis ce jour, elle ne supporte plus la douleur chez autrui.

Lorsque son petit frère tant aimé disparaît en 1982, Martine n'a pas encore trente-deux ans.

L'école du courage

Tous les témoins insistent sur la force de caractère de Jean-Paul Delors. De plus en plus frêle, ballotté entre espoirs de rémission et déceptions brutales, il conserve son humour et plaisante sur sa maladie. Aimant se jouer du destin.

« C'est lui qui m'a donné ma plus belle leçon de courage, dit son amie Béatrice Vallaeys. Nous n'avions qu'une vingtaine d'années, c'était la première fois que je voyais un de mes proches disparaître sous mes yeux. Il m'a ouvert à l'idée du vertige de la mort. » Un jour, Jean-Paul téléphone à ses deux fidèles amis, Béatrice et Dominique, pour leur annoncer qu'il renonce à tout traitement. Les chances de réussite lui semblaient trop minces. « Il m'a demandé d'arrêter de pleurer, raconte Béatrice, car lui-même ne pleurait pas. Il nous disait qu'il n'avait pas peur de la mort. Un mois après cette discussion, nous assistions, tétanisés, à son enterrement. »

Il m'est arrivé de demander à Martine Aubry quel était son mot préféré. Le courage, me répondit-elle sans hésiter. Pensait-elle aux leçons de son frère ? A la dignité de Jean-Paul ?

Journaliste à *Libération*, Jean-Paul inspira des lignes magnifiques à Serge July. « Sur toutes choses, écrit-il quelques jours après la mort de son collaborateur, sur ses passions comme sur sa maladie, Jean-Paul Delors promena un regard froid, traitant même avec sa mort comme un débiteur, dont on ne discute pas les chiffres. A tous ses amis, il donna une leçon d'élégance, comme toute élégance faite à la fois de hauteur méprisante et de modestie stupéfiante à l'égard de lui-même et de son destin » (*Libération*, 20 février 1982).

Difficile de rester dans la médiocrité après un tel hommage. La barre du courage est désormais placée très haut.

Plusieurs fois, Martine me dira qu'il lui est insupportable d'entendre des gens se plaindre pour n'importe quoi. A sa fille Clémentine, âgée aujourd'hui d'une petite trentaine d'années, elle a toujours pris soin de transmettre ce sens du courage. Son frère, son double, son adoré, était si digne, si droit.

Tel Maurice Blanchot dressé avec morgue lui aussi face à l'inéluctable. « Qu'importe que vienne la mort ! écrivait-il. Chaque moment qui est un pas vers la fin de l'être est aussi un moment où s'affirme l'être. Chaque moment qui est un progrès vers la mort est un moment sauvé de la mort [1]. »

La mort qui rôde sans cesse dans la vie de Martine Aubry. Lors d'un après-midi de confidences, nous parlions des déchirures de la vie. « J'ai vécu, raconte-t-elle, presque simultanément, la mort de mon frère, alors que ma fille n'avait que quatre ans, le suicide de la sœur de mon mari, et la mort des suites

---

1. *Faux pas*, Gallimard.

d'un cancer d'un petit garçon de cinq ans avec lequel nous partions souvent en vacances. » Tant de deuils à quelques mois d'intervalle.

Comment vivre avec ses fantômes ? Comment transcender sa douleur ? Comment surmonter l'insurmontable ? Telles sont les interrogations qui imprègnent le destin de Martine Aubry. Au-delà de la figure politique, son expérience parle à tous.

Nul ne sait si, sans le traumatisme des deuils, elle aurait emprunté un autre chemin que celui de la politique. Nul ne sait si elle se serait tout de même jetée à corps perdu dans la surenchère d'action et de travail, elle qui était une écolière indolente.

Est-ce une coïncidence ? Martine s'est souvent entourée d'amis ayant tous perdu comme elle un être cher. Un proche, un frère ou un fiancé. Un autre ami est, lui, un rescapé de la maladie, un survivant. Est-ce la secrète solidarité des souffrants ?

Les éclopés de la vie se reconnaissent mutuellement, mais leur langage est celui du silence. Les amitiés inconditionnelles ne sont pas exemptes de non-dits. La disparition du frère reste pour Martine un sujet tabou. Elle n'en parle presque jamais, même avec ses meilleurs amis.

Autre coïncidence déjà évoquée, Martine a toujours eu l'habitude de travailler avec un alter ego, avec lequel elle entretient une très étroite complicité. Que ce soit pendant ses années de gouvernement ou aujourd'hui, elle crée un lien et une symbiose qui lui est propre.

C'est Jean-Marc Germain, son actuel directeur de cabinet au PS, passé par la mairie de Lille, qui joue ce rôle désormais. Une personnalité lunaire en apparence, avec toujours un bout de chemise sorti du pantalon, une allure débonnaire mais un esprit d'une vivacité pas trop étonnante pour cet ancien brillant élève de Polytechnique et de l'Ecole des hautes études en sciences sociales. Le seul capable de « lire dans la tête de Martine et de décrypter tout ce qu'elle pense », explique David Lebon, son adjoint. Un « esprit laser, un type génial », dit de lui Martine. Ce Lyonnais d'origine a aussi une morale personnelle en acier inoxydable. Marié à Anne Hidalgo (ils se sont connus au cabinet Aubry en 1997), il est « l'homme qui murmure à l'oreille de Martine », écrira un journaliste. Il est surtout un analyste hors pair des sondages et de l'actualité politique.

Il est le seul à partager de longs tête-à-tête avec Martine, dans le secret de leur bureau. Ping-pong intellectuel, désaccords clairement débattus selon leurs dires, il y a derrière la complicité professionnelle une relation personnelle qui ressemble comme deux gouttes d'eau à celle d'un frère et d'une sœur.

Sylvine Bailly était la fiancée de Jean-Paul. « Bien souvent, dit-elle, les gens imaginent qu'à la suite d'un décès, on se retrouve totalement terrassé, abattu. Il y a aussi la réaction inverse, valable pour Martine comme pour moi. Quand on perd un proche, on vit pour deux. »

Martine, écorchée vive mais bonne vivante. Elle qui s'est choisi comme deuxième port d'attache Venise, ville de plaisir, de création. Mais aussi cité mortifère.

« Qui sait souffrir peut tout oser » : sans doute Martine ne rejetterait-elle pas cette citation de Vauvenargues, rapportée par Guillemette de Sairigné dans son livre consacré aux écorchés de la vie[1]. L'épreuve, écrit-elle,

------

1. *Tous les dragons de notre vie*, Fayard.

confère parfois un nouvel appétit de vivre et une force d'âme. Une idée très catholique. La souffrance est le prix à payer pour accéder au plaisir ; du mal peut naître le bien. Et elle cite tout naturellement le lyrisme du catholique Léon Bloy : « Il est des endroits de notre pauvre cœur, écrivait-il, qui n'existent pas encore et où il faut que la souffrance entre, afin qu'ils soient. »

Sur les cendres de sa souffrance, Martine a su construire une forteresse. Même si elle a balayé l'aspect catholique de son héritage et revendiqué son athéisme, l'intimité de Martine Aubry est profondément imprégnée de culture chrétienne.

L'épaisse croûte de glace qu'elle dresse parfois entre elle et les autres semble être le réceptacle d'une blessure enfouie. A moins qu'il ne soit celui d'ambitions encore non formulées.

Chapitre 4

L'aubrysme existe-t-il ?

Existe-t-il un système de pensée, une façon de concevoir la politique propre à Martine Aubry ?

Ses diverses expériences, des ministères à l'entreprise en passant par la mairie de Lille, la direction d'un parti politique et même son association contre l'exclusion, lui ont permis de se forger un système de valeurs. Mais existe-t-il pour autant un corpus doctrinal qui lui est propre, et quel rôle y jouerait son patrimoine familial ?

« J'ai fait trois ans d'école Aubry », m'a confié il y a quelques années Benoît Hamon ; il n'a pas fait le cursus classique des grandes écoles qui forment nos politiques. L'ancien responsable du Mouvement des jeunes socialistes fait partie de ceux qui parlent d'une

« méthode Aubry ». Il la résume en deux mots : rigueur et proximité.

Une méthode Aubry

La rigueur, on la perçoit dans cette manière de mettre tout le monde au travail, à Lille comme à Solférino. Lorsqu'elle était ministre, la grande blague du cabinet, c'était, « les 35 heures, oui, mais pour nous c'est trente-cinq heures de sommeil par semaine… ». Martine a une endurance de sportive. C'est ce qu'un médecin avait diagnostiqué un jour en auscultant son cœur, lequel bat à un rythme exceptionnellement lent. Lorsqu'elle était directrice adjointe de Péchiney, elle arrivait à son bureau à l'aube et les collaborateurs aux yeux embués de sommeil étaient convoqués dès sept heures et demie du matin.

Infatigable bosseuse, un label, une qualité qui est aussi devenue au fil des années un « plus marketing ». Un côté « cheval de labour », qu'elle ne changera pour rien au monde, même s'il n'est pas forcément payant car être un bourreau de travail n'a jamais été une garantie de popularité dans notre pays. Jacques Chirac n'a jamais eu la réputation d'un dévoreur de dossiers, ce qui ne l'a pas empêché d'être populaire.

Pour Guillaume Pepy, son ancien directeur de cabinet aujourd'hui à la tête de la SNCF, « Martine a toujours gardé des habitudes de première de la classe. Comme si elle passait un examen permanent. Un côté aussi "l'ai-je bien descendu ?" Elle veut plaire, être reconnue, peut-être par son père, mais cette idée la met en général dans une colère folle ».

Elle concède pourtant quelques confidences sur le sujet. « Je sentais d'autant plus le besoin de satisfaire mon père que mon frère était turbulent. Il s'était fait renvoyer de plusieurs établissements, ne fichait rien en classe alors qu'il était bien plus brillant et intelligent que moi, mais il ne pensait qu'à la musique et à ses copains. »

Jean-Paul Delors est le trublion de la famille, plus intéressé par les Rolling Stones que par les cours de latin. Musicien à ses heures, il émerveille Martine par sa fantaisie, sa joie de vivre, son humour et sa paresse scolaire totalement assumée. « J'ai toujours su qu'il fallait que je travaille pour deux, dit-elle. Comme lui ne fichait pas grand-chose, j'ai accumulé les diplômes. »

Le style Aubry, c'est aussi un mot-clé : la proximité. L'obsession du terrain, quitte à faire sourire. A l'inertie de la bureaucratie, à la technocratie qui tourne parfois en rond, Martine Aubry oppose une réflexion nourrie de social, une « idéologie du terrain ». C'est là le cœur de sa méthode : mettre en parallèle la pensée et le réel, le projet politique et le terrain. Un jeu de va-et-vient qu'elle pratique depuis toujours.

A trente ans à la Direction du Travail, elle brusquait les cadres en les obligeant à se rendre en province à la rencontre des chefs d'entreprise et des responsables locaux. Plus tard, à la direction de Péchiney, elle bouscule les traditions, en faisant embaucher des littéraires pour « insuffler un air neuf » au sein d'une majorité de polytechniciens imbus de leur culture.

Arrivée à la tête du parti socialiste, elle met en branle un « Tour de France » pour confronter les notes des conseillers, les rapports de technocrates et d'experts au vécu des citoyens et aux avis des militants d'associations ou des syndicalistes.

Aujourd'hui à Lille, elle veut dépoussiérer la démocratie traditionnelle, obsédée par la mise en place de débats publics, de comités de quartiers, de « Forums citoyens » et autres « ateliers urbains de proximité ».

Toutes formes d'expériences de démocratie participative auxquelles les Lillois sont conviés. Il faut avoir vu au moins une fois ces réunions publiques, où l'on propose dans un drôle de chahut à des centaines d'habitants d'un quartier de se prononcer sur des orientations en matière d'habitat, d'aménagement ou d'espaces publics. Déluge de questions, de revendications parfois contradictoires et de propositions.

Hétéroclite et bigarrée, telle est la famille intellectuelle de Martine Aubry. Peu de points communs entre un intellectuel comme Olivier Duhamel et l'ex-préfet Rémy Pautrat (un ancien patron de la DST), entre le philosophe Alain Etchegoyen et Stuart Seide, un américain fou de Pinter et Beckett, orphelin de père à deux ans, aujourd'hui directeur du

Théâtre du Nord, ou encore entre Alain Minc et un responsable d'ATD Quart Monde.

Le soir des élections cantonales, les messages et les textos défilent sur le téléphone portable de Martine, de l'artiste sénégalais Ousman Sow à Jean Glavany.

Les anti-Aubry jugent sa méthode de travail confuse et brouillonne. Il est vrai qu'elle peut donner l'impression de picorer des idées de-ci, de-là. Pourtant, cette façon de butiner engendre une force née de la confrontation des univers et des idées. « C'est la seule politique qui s'intéresse vraiment aux débats intellectuels, me dira un jour le journaliste politique Renaud Dely, et pas seulement pour ce que cela peut lui rapporter. »

Régulièrement, au cours de petits déjeuners informels, Martine Aubry consulte différents spécialistes, les bombarde de questions, confronte son expérience politique à leur réflexion. C'est parfois l'occasion de débats houleux. « On se fixe des rendez-vous réguliers, une fois par mois environ, explique le sociologue Michel Wievorka, avec un thème précis sur lequel on réfléchit et on discute. Et on n'est pas toujours d'accord… Je crois que c'est aussi une manière pour elle de se ressourcer, et de prendre le pouls de la société. »

Mais sa capacité d'écoute a montré à plusieurs reprises de sérieux signes de faiblesse.

« Les pieds dans la glaise et la tête dans la réflexion. » Martine Aubry résume ainsi sa méthode de travail. « J'ai toujours été à la croisée des chemins, prise entre deux feux. Je suis faite de cela. Avec mon père, les raisonnements. Avec ma mère, l'action. J'ai été alimentée des deux côtés, un double héritage très complémentaire, nourri des discussions entre mes parents. Car maman était toujours prompte à opposer un point de vue à mon père. »

Pour elle, ces allers-retours entre l'action et la réflexion manquent encore beaucoup à la société française, et au parti socialiste.

« Le terrain, lui, ne ment pas, ironise-t-elle. Mais je ne suis pas non plus une obsédée du pragmatisme. Cela ne sert à rien d'avoir le nez collé au terrain, si l'on ne fait pas de lien entre les valeurs que l'on porte et la réalité. C'est la rencontre des deux univers qui est enrichissante. La rédaction du projet socialiste s'est déroulée sur ce modèle. Je tente d'appliquer le même mouvement de va-et-vient à mes fonctions, car le pouvoir éloigne trop des réalités. »

Cet alliage d'analyse et d'action explique l'intuition qu'on lui reconnaît. « Ce n'est pas un pif, c'est un radar », résume Guillaume Pepy.

Si le style Aubry, c'est de se retrousser les manches, c'est aussi de reprendre une formule à la Kennedy : adepte du « si on veut, on peut », sa conception du rôle de l'Etat a beaucoup évolué en vingt ans.

Elle fustige aujourd'hui la dérive des citoyens qui considèrent l'Etat comme un service après-vente. « Au début, explique-t-elle, je ne jurais que par l'Etat jacobin et la force de la loi. Puis, je me suis rendu compte que plus les problèmes devenaient complexes, plus la contractualisation était importante. Je crois à la force du contrat, à la négociation. On doit aujourd'hui trouver un équilibre entre l'Etat, les collectivités locales, les associations, les citoyens. On doit se demander à chaque fois qui est le mieux placé pour répondre au problème. Ce n'est pas toujours l'Etat. » Pour Aubry, l'Etat trace des perspectives, stimule des initiatives et donne du sens.

La proximité, doctrine politique

Le « terrain » cher à Martine Aubry, c'est aujourd'hui celui de sa ville, Lille, dont elle sillonne les rues et les quartiers. Une méthode de travail, mais aussi un oxygène.

Marcher dans les rues de Lille, sans officier de sécurité, sans collaborateur, discuter, être apostrophée, elle adore ça. C'est physique. Martine a besoin de « sentir les gens », de les toucher, de leur parler.

Nécessité, ou pur souci électoraliste, même si aller boire des chopines de bière avec les gens au bistrot ne fait pas un programme politique, ses manières ressemblent parfois à celles d'un Chirac, avec un sens du contact direct. Accolades bourrues, manières gouailleuses et coup de fourchette gourmand.

« C'est en partant de la base, dit-elle, et en remontant le fil des problèmes, que l'on arrive à avancer et à proposer des réformes globales. »

A l'origine de la réforme de la couverture maladie universelle, il y a ainsi des témoignages d'exclus et de marginaux parvenus parfois par courrier sur son bureau du ministère. Béatrice, son ancienne assistante, se souvient : « Elle avait été particulièrement émue par le cas d'une femme encore jeune qui n'avait presque plus de dents. Martine voulait absolument lui venir en aide. Elle s'est alors battue comme quatre, notamment contre les bureaucrates de la Sécurité sociale, pour permettre à cette jeune fille de retrouver une dentition correcte. »

Sa réflexion sur la proximité l'a conduite à élaborer une théorie mariant ses convictions sociales et sa volonté d'efficacité économique. Articuler, et non opposer, l'économique et le social, tel est le cœur de sa pensée, influencée par des intellectuels comme Paul Thibaud, Emmanuel Mounier et Paul Ricœur qu'elle fréquentait chez ses parents. L'une de ses références reste Antoine Riboud, l'ancien patron de Danone. « J'étais encore à l'ENA lorsqu'il prononça à Marseille, en octobre 1972, un discours très progressiste qui avait secoué le CNPF (Conseil national du patronat français) à l'époque. Pas de réussite économique sans les hommes prophétisait-il devant des patrons assez hermétiques à de telles idées. Si on valorise les hommes, les entreprises seront plus performantes... C'est un homme que j'admirais énormément. La synthèse de l'économique et du social reste pour moi la clé du progrès. »

Même si Martine Aubry refuse d'être cataloguée « super assistante sociale », son cheval de bataille est de montrer à quel point le social est devenu un enjeu majeur. Elle veut prouver qu'une économie plus solidaire est aussi une économie plus performante. Pour Martine, le XXIe siècle sera social.

Même si le corpus doctrinal et la méthode Aubry ne semblent pas aux yeux de certains d'une grande originalité, il faut compter aussi sur un héritage familial particulier, des années passées auprès d'un père pédagogue appliqué et européen convaincu.

Jacques Delors incite ses enfants à lire, plus qu'il n'impose. Il avait coutume de laisser traîner des livres et des revues en espérant le déclic. L'appartement familial est jonché de magazines et de journaux qui s'entassent un peu partout. « Mes années d'enfance, se rappelle Martine, sont marquées par tous ces numéros d'*Esprit* ou de *Témoignage chrétien* qui s'empilaient par terre ; il y en avait partout ! Je revois encore les couvertures jaunes des *Cahiers du cinéma* dans tout l'appartement... » Une éducation mâtinée d'émulation. « On nous laissait toujours, mon frère et moi, participer aux conversations des adultes. »

Les enfants Delors sont invités à s'exprimer librement. A leur adolescence, lorsque pointe le sentiment de rébellion, Jacques Delors répondra toujours par le dialogue aux affrontements brutaux. Martine aime raconter cette soirée houleuse au cours de laquelle son frère, tout juste âgé de dix-sept ans, avait annoncé à son père qu'il partait vivre en communauté. « Une idée plutôt farfelue ! raconte Martine. Mais au lieu d'interdire d'emblée, mon père a passé une nuit entière à parlementer avec mon frère et ses amis. Ils étaient bien sûr sous l'influence baba cool de l'époque. Ils ont discuté à bâtons rompus toute la nuit. Mon père leur demandait d'expliquer leur décision et les poussait dans leurs retranchements. A 4 heures du matin, éreintés et à cours d'arguments, ils ont capitulé ! » Il faudra attendre encore de longues années pour que Jean-Paul, déjà journaliste installé, concrétise son rêve d'ado et s'installe dans une communauté plus proche des colocations d'aujourd'hui que des utopies hippies.

En 1972, Martine réussit le concours d'entrée à l'ENA. Du haut de ses vingt-deux ans, elle poursuit ses joutes intellectuelles avec les fils de famille et les aristos qu'elle côtoie. Elle milite à la section CFDT de l'ENA. Sur les photos de promo, on voit une brunette pétillante, sourire gourmand et col de chemise pelle à tarte. Xavier Aubry, l'un de ces purs produits de la grande bourgeoisie parisienne, élevé dans le VIe arrondissement chez les jésuites du Collège Stanislas, deviendra son mari en octobre 1973, à la paroisse Notre-Dame de Bercy.

L'union tournera court. Le couple divorce quelques années après le mariage. Xavier était-il trop éloigné des convictions socialistes de Martine ? Fin limier de l'expertise-comptable, amateur de golf, on lui prête des allures de grand bourgeois. Martine à l'époque se passionne déjà pour les visites d'usines et les luttes sociales. Le 20 mars 2004, Martine épouse Jean-Louis Brochen, un avocat du Nord, figure locale de la lutte pour les Droits de l'homme. Une manière explicite d'affirmer que, depuis longtemps déjà, sa vie est à Lille.

Instantanés lillois

Une balade dans les quartiers populaires de Lille. Automne 2010. Un froid de gueux, une pluie fine. Il est une particularité, à Lille, qui me frappe toujours, même après plusieurs visites : je ne m'habitue pas à ce que les quartiers populaires soient au cœur de la ville.

A Lyon, à Paris ou encore à Marseille, il faut quitter le centre-ville pour rejoindre les zones les plus démunies, des quartiers en périphérie, comme cachés, repoussés. Ici, à peine êtes-vous sorti de la grande librairie « Le Furet du Nord » que vous pouvez, en marchant, vous retrouver face à des barres d'immeubles HLM ou une maison de quartier tagguée.

Mon accompagnateur s'appelle Walid Hanna, adjoint au maire chargé de la politique de la ville. C'est l'« homme des quartiers ». C'est lui qu'on envoie au front pour régler les litiges.

Médecin, Walid Hanna a soigné la plupart des jeunes que nous croisons et qui l'apostrophent : « Et M'sieur Hanna, z'avez pas un boulot pour moi ? » Le chômage, c'est le talon d'Achille de la politique municipale.

Quelques heures plus tôt, lorsque j'ai demandé à Martine Aubry quels étaient ses échecs à Lille, elle est restée étrangement silencieuse. Puis elle a botté en touche, en plaisantant : « On n'a pas réussi à se débarrasser du Libanais ! » Une manière de montrer que son adjoint est l'un de ses fidèles amis. Leur complicité est sans faille.

Volubile, chaleureux, jamais à court d'un bon mot, il connaît par cœur bon nombre de quartiers comme les Bois Blancs ou le faubourg de Béthune. J'ai donc droit au discours officiel sur la recherche de mixité sociale à travers l'urbanisme, la présence de la culture dans les quartiers, la construction d'un stade de foot...

Au-delà des discours, les visages parlent plus. Comme celui de Joseph, un grand Black au sourire chaleureux, visiblement heureux d'accueillir des ados chahuteurs mais lecteurs à la médiathèque. Un lieu où petits et grands se retrouvent, « il y a souvent une bonne ambiance », dit-il. Comme celui de Sophie, une pipelette gironde, lunettes sur le nez, qui se démène entre la crèche et la halte garderie et qui avec son énergie a fait de ce centre de la petite enfance l'un des piliers du faubourg de Béthune.

Une maison de quartier, construite par l'architecte médiatique Roland Castro, affiche fièrement ses tags sur le mur de l'entrée. A l'étage, des femmes en plein cours de couture, au rez-de-chaussée, des hommes en réunion. On s'affaire dans les escaliers, on se croise, toutes générations confondues, pour aller au soutien scolaire ou au cours de langue.

La visite est proche du prosélytisme scolaire, mais les habitants pourraient reprendre à leur compte ce résumé fait par Jamel Debbouze : « Quand je donne des spectacles à Lille, les gamins me disent qu'ils aiment cette ville. »

Lille, une vitrine ?

Dans le bureau de Martine Aubry à Lille, mars 2011. Un peu d'agitation, on bouge les chaises, on installe le matériel d'un photographe. Trois journalistes de *La Voix du Nord* sont venus faire un bilan des dix années de mandat.

Martine s'impatiente dès les premières minutes de l'interview, corrige une question. Fébrilité des intervieweurs, un peu impressionnés par les réponses glaciales.

Dès que le mot « fierté » est prononcé, l'atmosphère se détend. Un mot qui revient tout au long de l'entretien. Fierté de Martine qui ne se lasse pas d'entendre dire que la ville a été métamorphosée, et des habitants qui apprécient le nouveau panache de leur cité. Pas un Lillois qui ne bombe le torse depuis le rayonnement de l'événement culturel Lille 2004.

« On me dit que je parle trop de Lille, dit-elle aux journalistes, c'est tout simplement parce que je défends les mêmes valeurs dans ma ville et au niveau national. Lille pour moi n'est pas un laboratoire. » Il est vrai que Martine a toujours en bouche un exemple local. A force de saupoudrer ses phrases de « Lille ceci, Lille cela », ça agace. On ne gère pas une commune comme on gère un pays, précisent quelques-uns à Paris. Mais les expériences menées dans les domaines de l'urbanisme, du logement social ou de la culture trouvent aisément des déclinaisons nationales. Les programmes lillois de solidarité et d'aide inter-générationnelle ont sans aucun doute nourri les réflexions du parti socialiste.

Quartiers réhabilités, rénovation des écoles et des collèges, accompagnement des personnes âgées, programmation éclectique à l'Opéra de Lille, « semaine anglaise » avec concerts de rue et afflux massif de touristes anglais... du retraité au jeune ado, il y en a pour le goût de tous les habitants. Les critiques énoncées par les lecteurs de *La Voix du Nord* sont peu nombreuses. Un bémol, avec « un square totalement loupé », dans le quartier de Fougères, et l'insécurité, obsession justifiée des Lillois.

« C'est vrai qu'il manque beaucoup de policiers à Lille, plusieurs centaines », confesse

Martine Aubry, bien impuissante quand elle explique qu'elle en a informé le ministère de l'Intérieur, a envoyé plusieurs lettres, bien impuissante aussi quand elle constate que les policiers manquent même parfois de voitures ou d'essence.

Après plus d'une heure d'entretien, les trois journalistes semblent rincés, un peu déçus de n'avoir pas pu renchérir faute de temps et jouer du ping-pong verbal. Car quand Martine parle de Lille, elle est intarissable.

« L'opposition est ici quasi inexistante », admet l'un des intervieweurs. Droite, Verts, Modem, tous se sont inclinés devant les grands chantiers du maire : logement, urbanisme, culture, santé, solidarité… La plus grande fierté de l'équipe autour de Martine, c'est « la fin de la ville à deux vitesses », sous-entendu la fin du système Mauroy surtout attaché à développer le centre-ville. Pas peu fiers non plus des maisons Folie, qui abritent des centres culturels avec spectacles de quartier et expositions.

Aujourd'hui, la même attention est portée à tous les quartiers, qu'ils soient populaires ou porteurs de développement économique. Centres sportifs, maisons de quartier, logements sociaux – 12 000 prévus d'ici 2014 – poussent comme des champignons dans tous les coins de la métropole.

Pour faire perdurer sa popularité, madame le maire ne compte pas seulement sur le social et le culturel, elle s'assure aussi de solides appuis auprès du patronat local. De Decathlon à B'Twin en passant par les Galeries Lafayette, Martine « va chercher les entreprises avec les dents », pour reprendre l'expression d'un patron du coin.

« C'est un grand maire », dit ainsi Arnaud Mulliez dont la famille, à la tête de l'empire Auchan et d'une des plus grosses fortunes françaises, ne penche pas vraiment à gauche. Visiblement sous le charme, il la trouve « compétente, sérieuse ». Il ajoute « courageuse, car elle ne craint pas de prêter le flanc à la critique ». Il l'observe comme présidente de la communauté urbaine et remarque qu'« elle connaît parfaitement ses sujets ». Plus intriguant, il n'a jamais parlé avec elle des 35 heures. Etonnant. « Quand je la vois à la télé, ce n'est pas la même. A Lille, elle est plus naturelle. » Encore le coup de la femme aux deux visages.

Lille, c'est aussi la ville où Martine peut apporter une attention presque maternelle aux habitants en difficulté. « Elle protège, elle console, c'est aussi ça le job de maire », dit son ami Pierre de Saintignon. Un drame, une petite fille écrasée par un camion, et Martine se précipite au chevet de la famille. Elle les revoit jour après jour ou leur téléphone régulièrement.

On ne peut comprendre cette politique « maternante » sans se souvenir de l'enfance de Martine, habituée à parcourir les rues du XIIe arrondissement de Paris dans le sillage de sa mère pour aider les plus démunis du quartier.

Finalement, pour Martine Aubry, le « care » est une habitude d'enfance.

Par conséquent, la ville a pris des allures un peu boy-scout. Les collégiens par exemple sont invités à devenir des « correspondants propreté », véritables agents de surveillance des poubelles, afin qu'il n'y ait plus un seul papier par terre. Pas toujours facile dans les quartiers où les étudiants avinés vomissent à chaque coin de rue. Les habitants se plaignent de devoir slalomer le matin à travers les flaques. Il arrive que Martine fasse elle-même le gendarme. Un jour, elle se permet une remarque à une passante qui avait jeté un papier sur un trottoir. « Mais vous êtes vraiment chiante, madame le maire ! » s'entend-elle rétorquer. L'anecdote fait encore sourire Martine. « Mais elle a fini par ramasser son papier », tient-elle à préciser.

Pour elle, la civilité est l'affaire de tous. On ne doit pas tout attendre des pouvoirs publics. « Mobiliser les habitants », « vivre bien et vivre bien tous ensemble », disent les slogans sur les revues de la ville.

Même si, pour Martine Aubry, les Lillois ne sont pas des cobayes, on ne peut s'empêcher de penser que cette ville aura été un formidable terrain d'expérimentation pour une politique nationale. Lille, un tremplin vers d'autres destins. « Mais les maires qui réussissent ne sont pas tous candidats à la présidentielle », s'amuse-t-elle pour brouiller les cartes.

« Pas bêcheuse »

Un vernissage à Lille, le 8 mars 2011. Fanny Bouyagui termine l'installation d'une exposition pour la journée des femmes, dans l'immense salle blanche du Tri Postal. Fanny est une grande métisse d'origines belge et sénégalaise, aux formes généreuses. Une forte personnalité.

Elle affiche des tatouages impressionnants qui dessinent de jolies arabesques sur ses bras et ses épaules. Elle a même la déclaration des Droits de l'homme en sérigraphie tatouée sur le crâne. Une prouesse réalisée à Anvers, « chez les tatoueurs de marins ». Avec le collectif d'artistes Art Point M qu'elle a fondé, elle s'intéresse autant aux performances, aux installations artistiques qu'aux musiques électroniques.

Martine Aubry est « sa copine ». D'elle, Fanny dit qu'elle peut paraître froide au premier abord, mais qu'elle est simple, qu'elle s'intéresse vraiment aux artistes. « On ne parle jamais de politique ; c'est un deal non écrit », explique-t-elle en racontant qu'elle était un peu étonnée les premières fois de la voir s'attarder aux vernissages et grignoter un morceau de fromage sur un coin de table. « Elle est classe. »

Pour cette journée du 8 mars, Fanny a convaincu Martine Aubry de se prêter au jeu du « j'aime, j'aime pas », comme six cents femmes lilloises. Toutes ont accepté de se raconter de façon personnelle en accrochant les objets de leur choix sur un sèche-chaussette coloré, symbole de leurs goûts et dégoûts.

On trouve pêle-mêle dans la partie « j'aime », des coquillages, des strings, un tract pour le droit à l'avortement, un drapeau français. Et dans la partie « j'aime pas », des strings (encore), une photo de Khadafi, une autre de Brice Hortefeux et de Sarah Palin, des gants de ménage.

Martine elle, aime *Le Cri* de Munch, le tiramisu, la fête, le Losc, l'Afrique ; elle n'aime pas le sport, le mensonge, le temps qui manque ou qui passe trop vite symbolisé par une montre, le discours de Dakar et « le système dans lequel on vit » comme l'indique un sticker sur un porte-monnaie rouge.

Comme Arnaud Mulliez ou Fanny Bouyagui, les proches lillois évoquent un décalage entre leur amie Martine et son image médiatique. Que ce soit le chef d'orchestre Jean-Claude Casadesus, le premier adjoint Pierre de Saintignon, tous font le portrait d'une femme plus tranquille, plus apaisée qu'il y a quelques années, toujours aussi friande de convivialité.

A ceux qui lui demandent comment se comporte Martine Aubry dans l'intimité, avec ses amis, Fanny répond : « pas bêcheuse ».

Reste un petit fond de dirigisme, même en vacances, comme se le remémore avec le sourire Adeline Hazan : « En été, elle n'est pas vraiment autoritaire, mais on sent que c'est une femme habituée à diriger et à commander. Elle ne vous forcera jamais, ne dira rien, mais on sent que faire la grasse mat' jusqu'à midi, ce n'est pas son genre. C'est une active, toujours prête pour les visites, le guide à la main. »

Tous la trouvent plus zen avec les années. Est-ce le gong de l'anniversaire des soixante ans, fêté récemment dans le jardin de sa maison lilloise avec une centaine d'amis ? Est-ce sa nouvelle vie sentimentale auprès de Jean-

Louis ? Tous ses proches l'attestent, plus besoin d'en parler à mots couverts comme il y a quelques années lorsque Martine et Jean-Louis se rendaient au festival d'Avignon discrètement, sans forcément partager la même chambre d'hôtel, tels deux tourtereaux venus se goberger de leur passion commune.

Il est vrai que tout les rapproche : le goût des arts, la soif de justice. Roland Rappaport, un ami de longue date, a connu Jean-Louis avant Martine. Avocat lui aussi, il partage souvent leurs vacances et s'amuse des points communs : comme Martine, Jean-Louis s'est engagé dans le syndicalisme, puis en politique puisqu'il fut un temps adjoint au maire de Lille.

Comme elle, il a grandi dans un milieu favorisé, un père et un grand-père avocats, un héritage pesant, mais il a vite délaissé les codes bourgeois pour devenir « avocat des pauvres » plutôt que des riches. « Si seulement je pouvais défendre tous les gens de ma rue ! » dit-il parfois pour résumer sa répulsion physique des injustices.

Comme Martine, Jean-Louis refuse de réserver la peinture aux élites, ou de la considérer comme anecdotique, prêt à faire régulièrement plusieurs kilomètres pour une exposition, passant désormais du temps devant son chevalet. Impossible d'imaginer visiter une ville sans en épuiser tous les musées, inimaginable de passer un mois sans aller écouter un concert ou un opéra. Et quand Martine lui explique que Habib et Younès, deux jeunes Marocains auxquels elle donne régulièrement des coups de main, viendront passer leurs vacances avec eux en Bretagne, il trouve cela normal.

C'est un fait, depuis l'officialisation de sa relation avec Jean-Louis, Martine est comme apaisée. Est-ce aussi la certitude d'avoir un avenir politique national ?

Chapitre 5

Martine Aubry a-t-elle un avenir ?

Fréquenter un homme ou une femme politique au quotidien, c'est faire l'expérience d'une rare violence.

Le cas de Martine Aubry concentre à lui seul tous les aléas du métier. Une personnalité qui prête à la critique, un entourage inégal et pas toujours bien attentionné.

Premier constat, elle se fait beaucoup d'ennemis.

Soif d'exigence ou rudesse de caractère, elle attire les critiques comme des mouches, y compris dans son propre camp. Rarement personnalité politique aura été à ce point vilipendée.

Bien ou mal entourée

Une première explication se trouve dans son entourage au parti socialiste, composé de fortes personnalités et de leaders potentiels. C'est l'une des particularités de ce parti, que de concentrer ainsi autant d'égos.

Martine Aubry doit composer avec des tempéraments, des ambitions, des individus aux parcours divers : certains ont été ministres, voire Premiers ministres, d'autres sont députés, élus européens, certains se verraient bien à la tête du parti, quand d'autres s'imaginent, en l'avouant ou non, candidats à la présidentielle. Tout le monde a son mot à dire sur la gouvernance. Cela fait beaucoup d'aspirations contraires à gérer.

La différence est flagrante avec l'équipe soudée et unie à la mairie de Lille, où tout le monde joue collectif, où tous vont dans le même sens, autour de Martine.

A Solférino, les inimitiés se chuchotent ou s'expriment à haute voix. Lors de la traditionnelle cérémonie des vœux à la presse, Henri Weber n'hésite pas à émettre ses critiques à peine le discours d'Aubry terminé, jugeant la patronne du PS « assez mauvaise oratrice ».

L'organisation interne du parti n'est pas faite non plus pour calmer les critiques, au contraire. Parfois elle les attise. La répartition entre premier et deuxième cercle est d'une grande subtilité. Intrigues, jalousies, batailles internes. Relire *L'Art de la guerre* de Sun Tzu n'y suffirait pas.

Que n'entend-on sur le directeur de cabinet Jean-Marc Germain, sur Harlem Désir, François Lamy. Que n'entend-on sur ce premier cercle jugé replié sur lui-même comme dans un « bunker ».

La critique qui revient le plus souvent concerne le fonctionnement trop peu transparent. Trop mou, disent d'autres, pas assez pugnace, pas assez réactif. Trop effacés, trop de seconds couteaux, pas assez intello.

Etre bien entouré, c'est le nerf de la guerre. Les fidèles font corps et restent impassibles face aux attaques. Ils puisent leurs arguments pour défendre Martine dans l'expérience douloureuse de La Rochelle : on a choisi celle qui était la plus légitime, celle qui s'était tenue à l'écart des batailles internes pendant des années, celle qui avait à la fois l'ancrage local, la stature et la compétence.

Un leader légitimé par son souci de réunifier le parti. Martine peut aussi compter sur le soutien d'une cinquantaine de parlementaires qui la poussent à se présenter à la présidentielle, parmi lesquelles une fidèle amie – elles furent ministres au même moment –, Marylise Lebranchu.

Autour de Martine, on s'observe et on s'épie, en attendant les échéances. Il y a ceux qui la défendent corps et âme, et qui apprécient tant ses convictions que son humanisme. Il y a ceux qui ne supportent pas de se faire tancer comme des gosses par une Martine en colère. Ceux encore qui rêveraient qu'on les consulte régulièrement et qui aimeraient que leur téléphone sonne plus souvent.

Fréquenter un homme ou une femme politique, c'est aussi s'habituer à ce ballet des courtisans qui se poussent du coude. C'est s'habituer à un monde aux rapports faussés, aux relations hypocrites, aux sous-entendus permanents.

Les partis politiques attirent leur lot de flatteurs, d'opportunistes et d'ambitieux. Pour l'écriture du projet socialiste de 2012, le partage des responsabilités est semblable à un écheveau emmêlé, difficile d'y repérer les fonctions précises des uns et des autres.

A chaque distribution de poste, pour la rédaction des propositions ou pour l'organisation des conventions, il faut voir la tête des uns et des autres. Savoir qui fera quoi, qui sera responsable et qui ne le sera pas, provoque une fébrilité palpable, somme toute assez comique.

Là encore, la comparaison avec le monde feutré du cinéma vient à l'esprit. Une star, entourée de ses sujets : agent, assistante, « publicist », maquilleur… Tous amenés parfois à jouer le rôle de confidents. Tous fragiles paravents à la solitude de l'acteur, qu'on imagine semblable à celle du politique, cerné de faux-semblants. Comme en politique, voilà un monde où tout sonne faux.

Les relations humaines sont rongées par le vers de l'hypocrisie. Comment termine-t-on ses journées quand on sait que chaque lien peut être corrompu ?

Et comment éliminer les flagorneurs, les indigents, les âmes serviles ? A moins, au contraire, de les garder près de soi, pour s'en servir comme d'une protection. A moins de choisir ses fidèles.

« Ni courtisan, ni larbin », tout le monde, dans l'entourage de Martine, prend soin de préciser. Benoît Hamon, « qui n'est pas un subordonné », considère que c'est même son rôle « de faire remonter à Martine ce qui ne va pas, de ne jamais la laisser tranquille ».

Comme l'acteur, le politique est parfois condamné aux relations instables, aux flatteries.

Faux-semblants aussi vis-à-vis des médias, avec lesquels on joue au chat et à la souris. A chaque conférence de presse, les journalistes semblent écouter comme des écoliers leur maîtresse, mais n'en pensent pas moins, et les langues se délient une fois que l'instit a le dos tourné.

Combien de fois ai-je vu Martine entourée de micros et de caméras, répondant aux questions, se moquant du prétendu « pacte » entre elle et Dominique Strauss-Kahn, et finissant sa journée en s'amusant comme une petite fille de cette presse qui médiatise une rivalité et ignore ses rendez-vous secrets à Paris avec DSK, des réunions bien plus nombreuses qu'on ne l'imagine ! « Personne ne sait ici que je vois Dominique demain », s'amuse-t-elle un jour en sortant d'une conférence de presse.

Sans doute s'imagine-t-on au théâtre. Que l'on soit acteur ou politique, on apprend à se protéger de ces multiples relations de pacotille.

Un monde de carton-pâte qui explique sans doute que Martine se soit construit une carapace rugueuse, ou un détachement, c'est selon. Une explication aussi à cette façon de faire de son cabinet un cocon et de s'entourer de ses fidèles lieutenants, de Jean-Marc Germain à David Assouline, comme d'une protection.

Fréquenter des hommes et des femmes politiques, c'est enfin faire l'expérience de vies minuscules, pour reprendre le titre du roman de Pierre Michon. Des vies atrophiées, appauvries. De réunions en meetings, de plateaux télé en tribunes.

Interviews, rabâchage, discours interminables, la parole est omniprésente, les journées gonflées à bloc mais parfois vides de sens.

Faire de la politique, c'est mettre une croix sur sa vie personnelle. Dans nombre de vies de députés ou de ministres, on a vu des épouses, époux, enfants, passer à la trappe.

J'ai le souvenir du franc-parler de Roselyne Bachelot qui, dans les couloirs de l'Assemblée nationale, m'avait bien résumé la vie réservée aux conjoints : « une vie de merde ». « Il ne faut pas se leurrer, ce n'est pas une relation égalitaire. Le conjoint est condamné à marcher toujours trois pas derrière. Car ce serait aussi absurde que d'accompagner une actrice en scène. Qui peut supporter ça ? »

Abnégations, renoncements, frustrations.

Les satisfactions personnelles des politiques se comptent parfois sur les doigts d'une main. A vivre en permanence cachés derrière un masque de sourires et de promesses, sans pouvoir jamais ni se confier ni s'épancher.

Epouses potiches, amis intéressés, les liaisons affectives des politiques sont parfois réduites à néant ou à leur expression la plus primaire. Le cœur en devient-il atrophié ou asséché à force de si peu servir ? La règle est imparable : on doit réprouver le naturel, bannir de sa vie courante la spontanéité.

Les hommes et femmes politiques s'imposent des carcans de conduite, comme l'abbé Donissan s'obligeait à porter une gaine de crin dur dans *Sous le soleil de Satan*. Au final, combien d'élus ont « le cœur dévoré » comme les héros de Bernanos ?

Restent quelques compensations narcissiques ; on se shoote aux discours, aux tribunes ou aux émissions de télé.

Martine Aubry s'accroche à ses échappées au supermarché ou dans les galeries d'art. On sent qu'elle y tient. Elle s'y cramponne comme à un lambeau de vie.

Ses amis aiment souligner sa différence : « Elle a une vie personnelle épanouie, une vie intellectuelle riche, ce qu'on ne peut pas dire de la plupart des politiques. »

Patrick Bloche s'étonnera un jour de sa connaissance de l'actualité littéraire en visitant avec elle un Salon du livre. Olivier Poivre d'Arvor, qui officie comme son conseiller culturel, se réjouit à chaque vernissage d'avoir trouvé enfin un politique qui ne soit pas bredouillant devant l'art contemporain.

Vincent Peillon sera stupéfait de recevoir un matin un petit paquet de livres judicieusement choisis. Lorsqu'il découvre ce que Martine lui envoie, il s'aperçoit que non seulement elle a lu les livres, mais qu'elle les a sélectionnés pour lui, tenant compte d'une discussion passée et de l'humeur du moment.

Livres, expos, ce goût de la culture ressemble parfois à une semi-victoire sur l'inéluctable, sur un monde déshumanisé.

« Quand on fait de la politique, on ne s'appartient plus », constate Adeline Hazan avec amertume. Plus de week-end, plus de dîner privé, plus une seule soirée avec les copains. « Le seul moment de liberté qui vous reste, c'est dans la voiture. »

En regardant un jour une photo de Jacques Chirac et de son épouse sur un terrain d'aéroport, l'écrivain Chantal Thomas faisait part de ses interrogations : « Rien qu'à contempler ces images, je fus saisie d'une impression de froid, de fatigue et de solitude. Et, comme toujours quand m'effleure la question de l'ambition politique, je me dis mais que peut-on désirer là-dedans ? Qui peut vouloir librement des journées aussi lourdes, des amitiés aussi pourries, des responsabilités aussi écrasantes ? En contrepartie de quoi ? La réponse serait-elle dans le hors champ de l'image ? »

« La violence, derrière les tentures »

Halle Freyssinet, automne 2010. Dans ce grand bâtiment de fer du XIIe arrondissement de Paris se tient un samedi matin la Convention sur l'égalité.

Le spectacle est double, sur scène et dans la salle, dans deux registres radicalement différents. A la tribune : les discours, les débats. A l'entrée : une haie de journalistes en quête de phrases courtes et piquantes ; ils tentent d'attraper leurs proies, qui se laissent faire assez docilement : Montebourg, Moscovici, Hamon, qui débarquent successivement. Gérard Collomb, le maire de Lyon, s'amuse des rivalités et de Ségolène Royal qui aurait préféré arriver une fois Aubry partie : « Elle a eu une panne de réveil ! », s'amuse-t-il face caméra.

D'une part, déclarations, intentions, propositions ; on évoque « la réussite scolaire pour tous ». D'autre part, on critique les primaires,

« une ânerie », et quelques irréductibles comme l'euro-député Liêm Hoang-Ngoc, auraient souhaité qu'elles n'existent tout bonnement pas.

Côté scène, on discourt à l'unisson. Côté salle, tout le monde se débine.

Jean-Louis Debré a une bonne formule pour résumer cet univers. Au cours d'un déjeuner, il me rappelle que, plus que d'autres, il le connaît depuis plusieurs générations. « C'est la violence, mais derrière les tentures. La politique, c'est le monde le plus violent que je connaisse. »

Il aime raconter cette anecdote de son enfance ; un jour qu'il rentre de l'école, il trouve quantités de bonbons et chocolats à la maison. « Maman, que se passe-t-il ? » Réponse solennelle : « Ton père est Premier ministre. » Quelques années plus tard, alors qu'il s'étonne de ne plus voir ces friandises, il fait la même demande à sa mère. « Maman, que se passe-t-il ? » Réponse laconique : « Ton père n'est plus rien. »

Aujourd'hui, poursuit-il, « lorsque je me promène avec Jacques Chirac, je m'étonne toujours, surtout quand nous approchons de l'Assemblée nationale, de voir au loin des parlementaires qui changent de chemin pour ne pas avoir à le saluer, alors qu'ils lui doivent tout. C'est abominable ! ».

Félonies, trahisons, petites lâchetés. La gamme politique est infinie.

En écoutant Jean-Louis Debré, je repense à un texte écrit par Geneviève de Gaulle-Anthonioz, ancienne résistante, nièce du général et initiatrice dans les années 50 du Mouvement ATD Quart Monde de lutte contre la misère.

Dans son livre *Le Secret de l'espérance*, elle rappelle à quel point il fut difficile de convaincre la droite de voter un texte de gauche, un texte selon elle bien consensuel pour contrer la pauvreté. Il s'agissait du vote de la loi sur l'exclusion, le 9 juillet 1998. Présente dans l'hémicycle, elle observe les députés. Elle espère jusqu'au dernier moment voir quelques élus de l'opposition voter, malgré tout, pour une loi attendue depuis dix ans par les militants du quart-monde. Elle croise le regard d'un gaulliste. « Le malheureux, écrit-elle, prisonnier de son parti, et qui doit sentir au fond de lui-même l'infini regret de n'avoir pas encore une fois sauté par-dessus les barrières, pour être fidèle à ses convictions. (...) Il me semble qu'il m'adresse un regard désespéré en soulevant à peine le bras pour voter contre la loi [1]. » La dure logique d'affrontement des partis va parfois jusqu'à l'absurdité.

« Dernière station avant le terminus »

Martine Aubry restera-t-elle dans le paysage politique ? Après avoir réunifié le PS, est-elle devenue incontournable ? Quels seront ses choix ? Quels seront ses soutiens, que feront ses ennemis ?

Athènes, le congrès du Parti socialiste européen, début mars 2011. En Grèce, Martine Aubry est une autre femme. Sans doute auréolée du prestige de son père Jacques Delors, Martine a la cote dès qu'elle quitte nos frontières. Elio Di Rupo, ancien ministre, président du parti socialiste belge franco-

------

1. *Le Secret de l'espérance*, Fayard/Quart Monde.

phone, trouve Martine « formidable ». Notamment parce qu'« elle sait mêler socialisme généreux et réalisme économique ».

Même son de cloche avec Poul Rasmussen, le président du Parti socialiste européen, ancien leader du parti social-démocrate danois. Lui qui a souvent fait du pouvoir d'achat et de la couverture santé ses thèmes de prédilection, ne tarit pas d'éloge sur notre dame des 35 heures : « Elle fait un travail remarquable. » Il est baba devant son « boulot de rassembleuse » au sein de la gauche européenne.

Que ce soit en Belgique, en Allemagne, en Italie ou en Grèce, ses collègues européens ne se font pas prier pour saluer ses talents. Deux jours plus tard sur France Inter, Bernard Guetta rend compte d'une Martine « figure centrale de la gauche européenne » aux yeux de tous.

Avec un certain flair politique, flanqué de solides convictions européennes, elle a attendu patiemment que les Anglais se lassent du blairisme. Elle espère qu'Angela Merkel laissera bientôt sa place à force de descendre dans les sondages. Et elle a saisi l'opportunité d'ancrer plus solidement à gauche le Parti socialiste européen.

A Athènes, Martine est respectée, elle discute à tu et à toi avec le Premier ministre grec Georges Papandréou ou avec le social-démocrate allemand Sigmar Gabriel, en anglais dans le texte, du moins au début des conversations.

On se prépare pour la photo de famille, Martine est placée au centre. Derrière le photographe, quelqu'un dit : « C'est peut-être la photo du futur G20. » C'est sûr qu'ils doivent en rêver, à les voir tous ainsi sourire pour la postérité. Qui sait si certains ne seront pas à la tête de leur pays d'ici quelques années.

Que fera Martine Aubry dans les années à venir ?

Rester à Lille fait partie des options. « Sa » ville, elle ne s'en lasse pas.

« Se représenter à Lille après plus de dix ans de mandat, pourquoi pas ? Je n'ai aucune raison de ne pas y penser. Lille est dans mon cœur », dit-elle aux journalistes de *La Voix du Nord*. Soudain, elle semble se rappeler quelque chose. Elle prend un bout de papier, fait des calculs. « Mais quel âge avait déjà Pierre Mauroy quand il a quitté la mairie ? » demande-t-elle. Elle n'arrive pas à retrouver l'âge de Mauroy quand il a su qu'il était temps pour lui de trouver une dauphine. Elle préfère en rire. « Vous croyez vraiment que l'heure est venue pour moi de me chercher un successeur ! » plaisante-t-elle. « J'ai encore beaucoup de projets pour Lille, plein les cartons. » Quitter Lille pour prendre un ministère ? Non, même pas le ministère de la Culture, répond-elle en souriant.

Elle se souvient qu'avant l'invitation de Mauroy à prendre sa succession, on lui avait proposé d'être maire dans plusieurs villes, mais Lille a toujours eu sa faveur. Des attaches anciennes via son père qui y avait des amis. Elle se sent proche aussi de l'esprit des gens du Nord. Leur sens de la solidarité, leur goût du travail.

Dans les couloirs de la mairie de Lille, décembre 2010. Devant le bureau de Martine, un homme fait les cent pas, les mains dans les poches. C'est son mari, l'avocat Jean-Louis Brochen. Flegmatique en permanence. Jamais avare d'une plaisanterie. En dehors du barreau, la pratique de la peinture est sa passion. Souvent silencieux, on sent qu'il observe tout. Il ne se mêle pas des conversations, reste à l'écart des journalistes. On ne sait pas trop s'il faut mettre cela sur le compte de la prudence, de la réserve ou d'un désintérêt pour la politique, mais on imagine que lorsqu'il donne son avis, c'est en privé.

Un temps adjoint au maire, il a choisi de quitter le champ miné de la politique pour œuvrer plutôt pour un syndicat d'avocats ou des associations militantes des Droits de l'homme. Une union qui, de toute évidence, a illuminé la vie de Martine.

Il affiche souvent un petit sourire en coin, imperturbable aussi quand on lui rappelle tout ce qui circule sur son compte sur Internet, « avocat salafiste », « ami des Frères musulmans », depuis une affaire où il défendit des jeunes filles portant le voile et fut ainsi mis en cause. Il opta tout d'abord pour le silence puis choisit de se défendre, un peu maladroitement, sur le site nonfiction.fr, géré notamment par Frédéric Martel, un ancien du cabinet de Martine.

Aujourd'hui, Jean-Louis savoure sa liberté : il est à la retraite depuis à peine trois mois. Une nouvelle qui là encore a laissé libre cours à toutes les supputations : Martine voudrait-elle suivre son exemple, pouvoir enfin courir les expos et voyager ? Elle corrige très vite le tir en disant que « depuis qu'il est à la retraite, Jean-Louis n'arrête pas une minute » et qu'elle-même ne s'avoue pas prête pour la retraite pour l'instant.

Martine qu'on peine à imaginer en pré-retraite. Le bourreau de travail transformé en reine du tiramisu. Elle dont la vie a depuis toujours été dédiée au labeur, avec peut-être un vague regret de n'avoir pas eu d'autres enfants.

D'ailleurs, un enfant unique, est-ce un choix ? me suis-je un jour risquée. Elle réfléchit. « Oui, en quelque sorte, me répondit-elle. Lorsque j'ai voulu faire mon second, c'était en 1981. L'époque où tout s'est enchaîné très vite. En fait, j'aurai adoré avoir trois enfants. Mais c'était ça ou la politique. »

Martine restant à Lille, ses proches amis ne peuvent s'y résoudre. Impensable, disent-ils, son avenir est national, à l'Elysée, à

Matignon, à la tête d'un ministère régalien ou de l'Assemblée nationale. Tous font le même constat, soupesant le « coût d'opportunités » : le prix à payer est tel qu'elle ira le plus loin dans la bataille. Elle n'aurait pas fait tout cela pour ça.

Martine Aubry, combien de divisions ? Si l'on en croit quelques conseillers, tout est prêt pour le grand soir et les aubrystes sont déjà en place sur tous les fronts. Dans la diplomatie, dans l'armée, dans les services secrets, des pions Aubry seraient installés. Et tous s'activent à cultiver réseaux et alliés potentiels. Aux aguets et prêts à toutes les éventualités puisque les partisans d'Aubry et de Strauss-Kahn se distribuent déjà les responsabilités par une savante répartition trans-courant.

Ainsi m'explique-t-on que des aubrystes figurent en bonne place à la tête de la fondation Jean Jaurès, réputée proche de DSK. Idem à la fondation Terra Nova, le think tank d'Olivier Ferrand ayant été sommé d'accueillir en son sein des représentants des deux camps.

Un subtil « dispatching », le meilleur moyen d'assurer des postes-clés aux partisans d'Aubry si Dominique Strauss-Kahn l'emporte.

Tous parés aussi pour la bataille avec la droite, et avec l'Elysée si nécessaire. Affûtant déjà leurs armes, leurs méthodes, leurs « éléments de langage ». Prêts à en découdre.

Sur l'air de « s'ils veulent la guerre, nous sommes prêts », on cisèle des argumentaires, des contre-feux. « Prêts à utiliser toutes les méthodes. » Pour ses partisans, il n'y a jamais eu l'ombre d'un doute : Martine Aubry est une bête politique, un animal qui ne va pas quitter l'arène de si tôt.

« 2012, c'est la dernière station avant le terminus pour les socialistes. » Une formule choc que le fabusien Guillaume Bachelay aime répéter. A côté de quoi, ajoute-t-il, la question de l'envie des uns et des autres, ou de savoir qui y va ou qui n'y va pas, sonne un peu gadget, en tout cas, elle n'est pas prioritaire.

« Au lieu de s'interroger sur le nombre de candidats, il faudrait peut-être arriver à prouver qu'on est capable de gagner une élection, car ça ne s'est pas produit depuis des années ! »

Et l'élection, d'après lui, se fera autour de deux thèmes : la France dans la mondialisation et les grandes valeurs républicaines.

Stoïque face aux attaques, comment Martine Aubry imagine-t-elle son avenir ? Auprès d'elle, on se félicite de ce parti réunifié, qui, il y a encore deux ans, était prêt à exploser.

On rappelle que Martine a trouvé le parti dans le même état que Laurent Blanc a trouvé l'équipe de France après la Coupe du monde. On appréciera la comparaison Hollande-Domenech.

Aubry qui a permis à ce parti moribond de sortir enfin du triangle des Bermudes « sondage-image-naufrage », une expression chère à Guillaume Bachelay. « On a viré la "famille royale de Hollande" qui avait bien plombé la dernière campagne présidentielle, et ce fut le retour du sérieux en politique. » Après l'union du PS, on vise désormais l'unité de la gauche, seul gage de réussite pour les futures élections.

Electron libre

Martine est-elle devenue présidentiable malgré elle ? La question peut sembler étrange ou absurde. Pas pour quelqu'un qui aime raconter qu'elle est devenue ministre par hasard, ni pour ceux qui ont assisté aux valses hésitations dans les coulisses du congrès de Reims.

Peut-on faire de la politique sans aimer la politique ? C'est la question que pose la personnalité contradictoire de Martine Aubry. Ce qui reste énigmatique, c'est de voir un tel personnage engagé en politique depuis une trentaine d'années, alors qu'il ne faut pas la titiller longtemps pour qu'elle vous énumère la longue liste de ce qu'elle abhorre : des partis archaïques, peuplés de ringards et de vaniteux, l'insupportable diktat des petites phrases, le clanisme des courants... Une héritière venue à la politique par hasard, en passant par la porte du syndicalisme.

Edith Cresson s'est étonnée et amusée de la naïveté de Martine à ses débuts. « Lorsque je l'ai appelée, elle croyait que j'allais la nommer directrice de cabinet », racontait-elle en 1991 alors qu'elle lui proposait un poste de ministre. Il fut un temps où son ami Guillaume Pepy l'imaginait plus à la tête de l'AFP ou d'une grande institution culturelle, qu'à la tête d'un parti.

Sa première prise de conscience politique, elle la vit à l'âge de onze ans. Marquée à jamais par les événements de Charonne qui se déroulent à deux pas de chez elle, elle entend le tumulte terrible du désarroi, de la violence policière ; elle se réfugie en tremblant de peur dans les bras de sa mère. Mais quelques années plus tard, à dix-huit ans, Martine n'observe que de loin le tourbillon de Mai 68. Elle en est restée à l'écart.

Ecolière puis étudiante moyenne, Martine Delors n'avait ensuite aucune idée précise de son avenir professionnel lorsqu'elle a terminé Sciences-Po, une licence d'économie en poche. Bien sûr, elle s'intéressait au droit du travail, mais elle imaginait avec peine les contours de sa future carrière. La légende veut même que dans la voiture qui la menait à l'examen d'entrée à Sciences-Po, elle ait demandé à son père : « Mais au fait papa, c'est quoi l'ENA ? » Le virus du syndicalisme avait déjà sa faveur, mais le goût de la politique est venu sur le tard.

Leader du parti par la force des choses, Martine Aubry se retrouve sur la liste des présidentiables sans l'avoir ardemment désiré.

Contrairement à tant d'autres, la politique n'est pas sa drogue dure.

Cette indépendance peut être une force, elle en cultive elle-même le mystère. Certains y voient le même calcul que chez les autres politiques mais habilement déguisé. « J'y vais, j'y vais pas ; j'en suis, j'en suis pas. C'est du Delors permanent », dira un temps Bernard Kouchner, excédé peut-être par ces années communes au ministère où Martine n'a jamais cessé de l'appeler « mon petit Bernard ».

Martine est contradictoire dans ses choix, comme dans son tempérament et son apparence médiatique. Agressive et dure, voilà une image qui lui colle à la peau. Elle y répond par une formule : « C'est l'agressivité des timides. » Ceux qui la côtoient matin et soir évoquent plutôt une bonne vivante, vanneuse et rigolote. Derrière l'austère, se cache une femme plus fantasque et fantaisiste. « C'est un chef sans l'être », m'a dit un jour l'un de ses proches conseillers. Martine, c'est Janus aux deux visages.

Martine-bosseuse et Martine-jouisseuse. Un tiraillement intérieur qui est peut-être à l'origine de ses célèbres migraines. Le journaliste

Christophe Barbier notera un jour sur un plateau de télé que « Martine Aubry aurait intérêt à se montrer plus souvent sous son jour méconnu ».

Mi-mère Teresa, mi-despote, ni ange ni démon, entre la tentation de la compassion et celle de l'autoritarisme. Ambivalente, mais sans jamais en perdre son latin. On la dit menteuse, elle-même semble parfaitement s'y retrouver dans ces contrevérités. « C'est juste qu'elle peut vous traiter de nul et vous proposer d'aller faire du shopping avec elle cinq minutes après. » Un paradoxe ambulant.

« A la fois Médée et Antigone », me dira carrément l'un de ses anciens collaborateurs du ministère. Antigone pour la soif d'absolu et d'altruisme, Médée pour le besoin d'omnipotence. Jalousie ou parfaite connaissance de l'intimité du personnage, une de ses amies d'enfance avait même ajouté : « En politique il faut savoir tuer, et Martine n'a jamais eu la main qui tremble. »

Une communauté d'allure

Observez le visage de Martine Aubry. La dualité se lit sur son visage. Il suffit de voir son regard, volontaire et déterminé, qui tranche avec un sourire d'une grande douceur.

« On dirait un bouledogue », ai-je entendu un jour. Un visage qui peut être hermétique, mais sur lequel se lit aussi la quiétude de ceux qui ont choisi, après une grande souffrance, de jouir de la vie. Un regard de dame de fer avec un sourire de gamine.

J'ai eu plusieurs fois l'occasion de la regarder. En voiture, dans le train, dans son bureau, au restaurant. J'ai passé beaucoup de temps à scruter ses gestes et ses expressions.

Celle qu'on dit affabulatrice a parfois des airs de petite fille prise les doigts dans le pot de confiture. Dans l'intimité, son allure est toujours décontractée, contrastant avec l'image de femme rigide médiatique : les pieds sur une table basse, se balançant dans son fauteuil, mâchouillant un stylo, quittant ses chaussures dès que possible. En voiture, les pieds au-dessus de la boîte à gants, assise à côté du chauffeur.

Elle aime blaguer sur son physique. Mais on sent bien qu'elle est loin de vivre en parfaite harmonie avec son corps. Elle n'aime pas se voir sur les photos, ni dans la presse. Côté coquetterie, elle assure le minimum syndical, laissant transparaître parfois un certain malaise vis-à-vis de son corps. Le soir des cantonales, la victoire étant presque annoncée, elle avale un petit-four tout en répondant à son père au téléphone, « tu diras bien à maman que je suis très heureuse qu'on ait gagné les Pyrénées Atlantiques », le pays natal de sa mère. « C'est pas ce soir que je vais faire un régime » lance-t-elle en raccrochant.

Au cours d'un voyage en train, elle appelle son ami Guillaume Pepy, le patron de la SCNF, pour lui dire qu'« il manque du papier toilettes dans la voiture 8 ». Au bout du fil, j'entends Pepy entre gêne et fou rire : « Mais Martine, je suis en plein conseil d'administration ! »

La personnalité de Martine mêle le féminin et le masculin, jusque dans son allure. Une « sensuelle » qui a l'habitude de toucher et caresser ses collaborateurs, mais dont les bourrades peuvent être brusques. Aux médias, elle offre souvent une image un peu raide. Sur d'anciennes photos, on remarque parfois plus de bijoux ou de maquillage. Je me souviens d'une conversation avec Roselyne Bachelot. Les deux femmes se connaissent bien, il leur est arrivé de se faire des petits cadeaux. Roselyne Bachelot se rappelait leur complicité, leurs nombreuses conversations dans les couloirs de l'Assemblée nationale. Elle aimait évoquer leur « communauté d'allure ». « Nous ne sommes toutes deux, expliquait-elle, ni des hyper-féminines tous seins dehors, ni des mecs. On adore les fringues et les boutiques, cela nous rapproche. Il nous arrive d'échanger une adresse ; on est à la fois frivoles et sérieuses. On aime toutes deux l'opéra, parfois considéré comme une passion d'hommes, et les plaisanteries graveleuses. »

Martine fait partie de celles qui mettent les pieds sur la table en réunion, même si elle porte une jupe. Débarrassée des fausses pudeurs, il lui est arrivé du temps du ministère de poursuivre une conversation avec un conseiller derrière la porte des toilettes.

L'engagement des femmes en politique les oblige inexorablement à une réflexion sur leur féminité, sur leur apparence, bien plus que les hommes. En observant, en coulisses, Martine Aubry, j'ai rencontré plusieurs femmes en une. Personnage ambivalent, mais résumant à lui seul la place faite aux femmes en politique, portion congrue qu'il faut obtenir avec rage et conviction.

Conclusion

Emberlificotée dans ses ambitions et ses aspirations personnelles, Martine Aubry est un personnage atypique. Elle suscite une hargne peu commune. « Son plus grand ennemi, c'est elle-même », dit-on parfois.

On trouve peu d'exemples de ce type dans l'histoire de la Ve République, peu d'engagements aussi biscornus ou indécis. Nul n'a jamais pu douter une seconde de la volonté et de la détermination personnelle d'un Chirac, d'un Mitterrand, d'un Sarkozy. Pour la première fois, voilà quelqu'un qui se garde bien d'afficher ses ambitions personnelles. De quoi troubler ou déstabiliser amis et ennemis.

Pour se définir, Martine Aubry aime employer l'adjectif « originale ». Même Lionel Jospin, raconte-t-elle, avait été surpris de sa capacité de « faire le job » puis de partir une fois les objectifs atteints, sans s'accrocher à des lambeaux de pouvoir comme tous les autres. Son rapport au pouvoir n'est-il pas plus complexe et déstabilisant qu'original ? Est-elle vraiment atypique dans son détachement revendiqué ? On ne sait pas toujours comment comprendre sa passion constante pour la culture : une stratégie pour se protéger, une soupape ou un bol d'oxygène dans un univers violent ? Une inclination qui pourrait ressembler au jardin secret de François Mitterrand qui avait su, en son temps, garder des passions, des amis et des proches n'ayant aucun rapport avec le monde du pouvoir, pour ne pas se faire avaler par la pieuvre politique.

Dictée ou non par un souci carriériste, cette volonté de ménager une distance avec la politique fait de Martine Aubry un personnage ancré dans son époque. Elle renvoie chacun de nous à ses propres interrogations. Jouir ou subir. Plaisir ou renoncement. Ce sont les préoccupations de tout un chacun dans une période où l'on ne veut plus seulement avoir mais aussi être.

Travaillée par des passions contradictoires, Martine Aubry a tout d'un personnage de roman. Elle a aussi ses blessures personnelles. Les déchirures du destin ont façonné son caractère. Comme Renan le disait d'une nation, toute personne se définit à la fois par ses joies et par ses deuils. Martine semble programmée à vie pour évoluer dans ce champ de roses épineuses qu'est la politique.

Et comment interpréter son perpétuel goût de l'empathie ? Une obsession qui pourrait tout aussi bien l'aspirer vers mille détails ou au contraire imprimer sa marque. Il lui faudra savoir le gérer. Cette fidélité à la tradition de la gauche sociale et humaniste sera-t-elle un jour payante ? En voulant tendre la main aux plus faibles, Martine Aubry se fraye un chemin au milieu des plaies de notre société et d'une République qu'elle qualifie elle-même d'abîmée.

« Infirmière, son meilleur rôle », disait le sondeur Jean-Marc Lech. Martine l'assistante sociale, hantée par ses fantômes et par l'idée d'être utile, tiraillée par la volonté inconsciente de remplacer le frère disparu. Elle est aussi torturée qu'une héroïne de Bernanos. Elle ressemble aussi aux personnages des films de Scorsese, obsédés par l'idée de tendre la main. « Sauver quelqu'un, c'est comme tomber amoureux. Y a pas meilleure drogue », plaisantait Nicolas Cage, l'ambulancier christique hanté par la culpabilité dans le film *A tombeau ouvert*.

Sans aucun doute, les mois de campagne qui précéderont la présidentielle seront dignes des meilleures films ou romans. Les incertitudes sont encore nombreuses et les surprises ne devraient pas manquer. A gauche, tous commencent à rêver de ministères. On s'autorise en secret à se répartir les postes.

Même si le résultat des cantonales et l'adhésion autour du projet pour 2012 possèdent toutes les allures d'une première manche gagnée, on ne voit pas comment les animosités vis-à-vis de Martine Aubry sauraient se calmer. Elle continue de cristalliser sur sa personne des critiques immuables, tel Arnaud Montebourg qui maintient, mot pour mot, les accusations d'« incompétence et de faiblesse » formulées dans une lettre personnellement adressée à la première secrétaire après le congrès de Reims.

Dans son livre *Portraits crachés* (Flammarion), Denis Jeambar assène quelques coups de cravache sous la forme de phrases qui ont l'avantage de bien résumer le sentiment de quelques-uns à l'égard de la patronne du PS : « Elle est tout en humeur et en aigreur, en arrogance et en mépris. Qui n'est pas avec elle est contre elle. (…) Son moteur politique est la méchanceté. »

Primaires, élections sénatoriales, campagne présidentielle : l'agenda des mois à venir sera marqué par les attaques, les tractations, les compromis, les accords et désaccords.

Et bien sûr par l'accélération d'un rythme de vie déjà trépidant. Réunions, meetings, déplacements en train, en avion… A peine une demi-journée passée à Nantes puis un retour rapide à Paris, un départ pour Lyon le lendemain à l'aube, quelques voyages à l'étranger pour installer une stature internationale. « Les personnages se battent pour rester en devenir. (…) D'où vient cette déchirante propension à se sentir, au moindre ralentissement, écarté de la vie ? » En assistant à une pièce de théâtre à New York, la romancière Yasmina Reza raconte, dans *L'Aube le soir ou la nuit*, la politique comme jamais, à hauteur d'homme. La chair de la politique. Et ce qu'elle observe avec son microscope d'écrivain, ce sentiment d'être à la fois dans la vie et à côté de la vie est fascinant. Car tellement proche de ce que vivent les hommes et les femmes politiques, et de ce qui se trouve résumé dans les contradictions de Martine Aubry.

Et combien de fois n'ai-je entendu ce désarroi évoqué par les acteurs, cette même sensation étrange d'être « dans la vie et écarté de la vie ».

Le monde politique m'intrigue par ses similitudes avec celui du cinéma. Mais aussi par ce qu'il peut nous dire de nous-mêmes, pour ce qu'il dévoile de la nature humaine. Louis-Ferdinand Céline disait qu'il n'aimait pas les humains, que la seule chose qui l'intéressait était « le trognon de l'homme ». Trouver l'essence de la nature humaine, et si cela était rendu possible par l'observation des personnalités politiques, par l'analyse de leurs excès, de leur violence et de leurs paradoxes ? Avant l'élection présidentielle, encore des mois de luttes, à gauche comme à droite. Le jeu des primaires sera-t-il meurtrier ? Quelle sera la stratégie de François Hollande, Ségolène Royal, Arnaud Montebourg, Manuel Valls ? Comment se concrétisera le « pacte » entre Martine Aubry et Dominique Strauss-Kahn, les deux compères qui n'ont jamais cessé de se parler par téléphone ou lors de rendez-vous secrets à Paris ?

Pour le sénateur David Assouline, tout se jouera sur « l'adhésion au projet socialiste ». Et tous les cadres du PS s'accordent à dire que « le mieux placé l'emportera », même si les critères du « profil le plus approprié » restent encore bien flous.

On peut tout imaginer. Aubry à l'Elysée, pour rassurer la gauche de la gauche, et Strauss-Kahn appelé à des responsabilités internationales ou européennes ? Ou bien un ticket DSK à l'Elysée et Martine à Matignon, même si Aubry devrait rechigner à n'être que numéro deux. Dans tous les cas de figure, ce sera toujours « l'un avec l'autre » assure-t-on au PS, jamais l'un contre l'autre.

Marine saura-t-elle calmer le jeu de ses relations houleuses avec la presse et les médias ? Parviendra-t-elle à jouer de ses différents réseaux et appuis, faire fructifier encore plus son « Laboratoire des idées » ? Pourra-t-elle équilibrer les tensions entre Aubry-la-teigne et Aubry-la-sympa ?

A ceux qui veulent comprendre comment on peut dédier sa vie à la chose publique, sans être shooté à la politique, la personnalité de Martine Aubry apporte des réponses. Elle fait partie de cette génération qui fut très proche des personnalités politiques ayant connu la Seconde Guerre mondiale. Ceux devenus de plus en plus rares, de Mitterrand à Mauroy, ayant forgé leur engagement dans la Résistance ou dans l'esprit d'après-guerre. Ceux qui pensent que la politique peut encore se faire par devoir. Ceux qui n'excluent pas être transcendés par un engagement.

Sur son téléphone portable, Martine a choisi de mettre en fond d'écran une photo souvenir d'un voyage en Inde. On y voit une femme vendant des épices multicolores. Du bleu, du rose, du jaune sur quelques milli-mètres d'écran digital, choix de la gaieté pour un avenir aux couleurs chatoyantes ?

A la fois électron libre et cacique du parti, l'avenir de Martine Aubry n'a pas fini de sus-citer les interrogations.

Remerciements

Merci à tous ceux qui m'ont accordé du temps pour leurs témoignages.

Mes remerciements vont aussi à Stéphane, Isabelle Duguet et Marie-Christine Thomas pour leur lecture critique et leurs remarques.

Table

www.ingramcontent.com/pod-product-compliance
Lightning Source LLC
LaVergne TN
LVHW051230060726
842526LV00013B/2908

9 7 8 2 2 4 6 7 8 5 0 4 0